新・冒険論

角幡唯介
Kakuhata Yusuke

インターナショナル新書 023

目次

はじめに 6

第一章 本多勝一の冒険論 15

世界の可能性を拓け／冒険とは何か――本多勝一の冒険論／パイオニアワーク論の衝撃／人類史上最高の冒険とは？／「愚の骨頂」と誰もが思った

第二章 脱システムとしての冒険 45

エベレスト登山はなぜ冒険ではなくなったか／マニュアル化された登山／エベレストツアーにカオスはあるか／神話における脱システム／英雄の冒険を分析する／ナンセンのフラム号漂流と英雄の冒険／ツアンポー峡谷単独探検の神話構造

第三章 脱システムの難しさ 77

システムとしてのコスモス／現代のシステム／現代はなぜ冒険が難しくなったのか／情報通信テクノロジーの発達／ジャンル化／登山人気の違和感／脳のシステム化

第四章　現代における脱システムの実例　115
変質する北極点到達という行為／ピアリーが選んだ危険なルート／北極点到達の意義／なぜ冒険はスポーツ化するのか／自然環境の競技場化／新しい位相空間をめざす／人間の世界から狼の世界へ／エリスにおとずれた奇跡／服部文祥のサバイバル登山／過酷な冬期サバイバル登山／極夜の探検／天体を頼りに

第五章　冒険と自由　171
冒険の批評性／冒険における自由／自由と自力の関係／人はなぜ冒険をするのか／冒険者の倫理と世間の倫理の乖離／死を避けることが最優先ではない／那智の滝事件が意味するもの／自立した社会的異分子／冒険の社会的価値／なぜ冒険を書きのこすのか

終わりに――放棄される自由を前に　211

本書に登場した主要引用・参考文献　218

はじめに

私が探検や冒険の世界とかかわりを持つようになったのは、大学時代に探検部というクラブに入ってからである。

　私が所属した探検部の部室は、大学の正門を入ったすぐ右側にある一号館という建物の五階にあった。その建物は、表向きは四階までしかないのだが、建物の奥のほうにある階段がなぜか四階の上に続いており、そのままあがっていくと屋根裏みたいな薄暗い空間に行くことができた。その空間はもう何十年も掃除されていないんじゃないかと思われるほど埃っぽく、夜になると天井の白い蛍光灯だけが弱々しく灯り、どこか非合法活動が営まれているような怪しさと胡散臭さが漂っていた。探検部はその怪しげな空間の奥のほうの部屋を部室として使用していた。六〇年代だか七〇年代だかの大学紛争の時代に内ゲバ殺人があり、探検部の連中はそのどさくさにまぎれて五階の一室を占拠し、それ以来、既得権益化して部室として占拠しつづけているのだというような話を先輩から自慢気に聞かされたことがある。それが事実かどうかは知らないが、私は面白い話だと思って聞いていた。私は探検部というクラブや、その部室が持ついかがわしげな空気感が好きで、その空間が持つ磁場に自ら積極的に吸い寄せられていったのだった。

ということで私は毎日のように大学に行き、ただ部室でごろごろして煙草を吸うだけという大学生活を六年ほどつづけた。それは自分たちがいかにバカで役立たずなのかを競い合うかのような仲間たちとの怠惰な暇つぶしの季節だった。それは本当に無駄な日々だった。社会的生産性という観点から見れば、今、思い返してもゼロである。この非生産性はモラトリアムとかそういう言葉以前の問題であり、要するにそのときのわれわれはただ心臓を動かし、肺呼吸しているだけで、人間的な活動はほとんど何もしていないにひとしかった。もし私が部室で過ごした時間の中に〈何かをする〉という表現に耐えうるふるまいが一つあったとすれば、それは過去の活動の記録を見ることだけだったと思う。部室の本棚には過去の計画書とか報告書の類がファイルにまとめられており、私はそれらを開き、かつての部員たちの活動によく目を通していた。資料を読むのは、たしかに好きだった。

そして、それらの資料の中で断トツで私の目を引いたのが、〈三原山(みはらやま)〉とマジックで大書されたケースの中に保管されていた書類だった。私が所属していた探検部の歴史において〈三原山〉といえば、一九六〇~七〇年代に継続されていた三原山噴火口探検のことにほかならず、ケースの中にはこの計画についての一連の文書がまとめられていた。

　三原山計画とは、文字どおり伊豆大島にある活火山三原山の噴火口に可能なかぎり潜りこんで、内部のマグマ溜まりを見てやろうというものである。もちろん耐熱カメラを下ろしたり、ドローン（もちろん当時はそんなものはなかったが）を飛ばしたりといった研究者がやりそうな安全な場所から対象に近づくような方法ではなく、隊員自身が己の肉体を駆使して赤く煮えたぎるマグマを記録してやろうという探検部らしい活動だった。計画書には当時三原山計画を主導していた恵谷治氏（のちの軍事ジャーナリスト）の手による概念図が記されており、この計画の概要を知るには、それが非常に分かりやすかった。簡単にいうと、この計画は三原山の噴火口の内側のところどころにあるテラスを中継地点にして、酸素ボンベをつけた隊員がワイヤーウインチで下降するというものである。この計画はうまくいき、火口深く潜入した隊員たちはマグマ溜まりの様子を目撃し、写真と映像を撮影した（P.15写真参照）。

　私の部屋の本棚に今も保管されている探検部の部史には、マグマを見たときの興奮が次のように語られている。

　トランシーバーでの交信が密となり、確保ザイルは数㎝単位でしか延ばされず、末端に届くのが遅い。ゆっくりと、ε地点へと歩みを進める。

「見えた！真っ赤な熔岩が見えた!!」

私は、第一声を伝えた。記録は十二時五十五分になっている。ε地点からは断崖絶壁となって、眼下に熔岩湖が、踊り狂っていた。波しぶきと同じような熔岩のうねりは、紫色のガスと共に、地表に向かって吹き上て（原文ママ）いた。

（『早稲田大学探検部30年史』）

　はじめてこの記録を読んだときは、なんともいいしれない静かな動揺を覚えたものである。その動揺はゆっくりと私の常識にがたがたとヒビをいれ、そして結果的には破砕（はさい）することとなった。噴火口に潜ってマグマを見るという行為にどのような意味があるのか、当時の私はとくに考えなかった。こういう行為にあたっては意味の追求など、それこそ無意味である場合が多くあり、意味などといった既成概念で解釈できるような価値体系にとらわれていたら、こうした常識外れの行動をとるのは難しい。私にとって大きかったのは、意味などよりも、その行為が持つ純粋な衝撃力、つまり地球のマグマを直接この目で見てやろうという何やら得体の知れない情熱と、おそらく彼らが見ただろう鮮烈な風景だった。

私はたびたび怖いもの見たさのように、我慢できずに三原山のファイルを取り出して計画書をながめた。

この行為の異様さというか、私に動揺や衝撃をあたえたものの正体は、もちろん第一には掛け値なしの非常識さにあった。普通の生活をしていれば地球のマグマをのぞき見る機会など、ほぼ百パーセント訪れない。エベレストの頂上に立つことは今ではさほど珍しい行為ではなくなったが、噴火口の内部に潜降するのは完全に想像圏の外側に位置するといってよいだろう。それと同時に、この行為が何の分野にも属していないということも、何か非常に惹きつけられる要因であった気がする。

私が所属していた九〇年代に探検部が何をやっていたかというと、主に登山や川下りや洞窟といった、すでにアウトドアスポーツのジャンルとして確定した分類可能な活動ばかりで、数年がかりの海外遠征もその分類可能活動の延長線上に沿って企画されたものがほとんどだった。それに比べて三原山計画の分類不可能性は一目瞭然だった。われわれが住むこの日本社会には火山探検、噴火口潜入という行為ジャンルは確立されておらず、三原山計画はほぼ類例のない独立した行為として、そのファイルケースの中に、いわば唐突に、常識の地平を突きやぶるようにして存在していたのだ。

その行為は、われわれの社会に既存のものとして存在するあらゆる枠組みからはみ出したところにあり、きわめて開拓的かつ実験的な孤高の試みであるように私の目には映った。探検部などという社会の異分子を気取ったような名称を掲げる団体においては、すでに分類され社会化されてしまったような登山だの川下りだのといったアウトドアスポーツに血道をあげるのはある意味邪道、この三原山計画のような予想のつかない行為を追求するのが本道なのである。そして計画書を読んでは、俺もいつかこういうことをやりたいなぁと漠然と憧憬（しょうけい）したのだった。

本書は冒険とは何かを私なりに徹底的に記述した本であるが、ある意味、学生時代にこの三原山計画に対して感じていたもやもやとした感情を論理に訴えて説明しつくしたものだともいえる。

キーワードは脱システムだ。

私が脱システムという概念で探検や冒険をとらえるようになったのはもう七、八年前のことになるが（最初は反システムといっていた）、それ以降、読んだ本の内容がこの概念と結びついたり、暇でボケーッとしているときにピンと直観が閃いたりするうちに、このように一冊の本としてまとめられるだけの体系を持つようになった。脱システムという言葉である程度イメージはわくと思うが、この本では冒険がシステムの外側に飛び出す行為であることを示し、そのうえで行為としての脱システムがどのような構造になっているのかを明らかにして、説得力のある言葉で冒険の本質に迫るのが狙いである。

この二〇一八年現在、われわれの社会の中で冒険とされている行動を見れば、それらがどれだけ脱システムという言葉からかけ離れているか分かる。今の日本の冒険界にはかつての三原山噴火口探検のような、一般の常識に挑むような活動は皆無である。そもそもそういう発想で冒険をとらえている人間も、おそらくほぼ絶滅した。少なくとも消息はあまり聞かない。現在冒険と称されている活動は単なるアウトドア活動に毛が生えただけのものか、野外フィールドで肉体の優劣を競うだけの体力自慢による疑似冒険的スポーツがほとんどである。要するにほかの誰かがやったことの後追いばかりが幅を利かせており、三原山計画のような独自の哲学と豊かな発想にもとづいた創造性のある行為はまったく見られなくなってしまったのだ。このように冒険の考え方やあり方が変わってしまった理由も、そもそも冒険とは脱システムであり、その脱システムがなぜ行き詰まったのかを示すことで見えてくるのではないかと考えている。

本論に入る前に、探検と冒険という言葉の使い方について少しお断りしておきたい。私にとって探検という行為も冒険という行為も、基本的には脱システムという概念によって統一されている。大雑把ないい方になるが、探検も冒険も脱システムするという意味では同じなのだが、その行為のどの側面に光をあてるかによって、どちらの言葉を使うかちがいが出てくる。探検というのはシステムの外側にある未知の世界を探索することに焦点をあてた言葉であり、冒険のほうはシステムの外側に飛び出すという人間の行動そのものに焦点をあてた言葉だ。たとえば私は以前、チベット奥地の、とある大峡谷地帯の無人空白部を単独踏査（とうさ）したことがあるが、無人空白部を踏査した点にスポットをあてればこれは探検だし、世界有数の未知の大峡谷に単独で飛び出したという行動のほうに注目すれば冒険といえる。私はよく探検は土地が主人公の言葉で、冒険は人間が主人公の言葉などといったりするが、それはこういう意味なのである。要は同一の行為でも探検を使うのが適切な文脈もあれば、冒険を使うのがよい文脈もあるわけで、私はこうした基準でこの二つの言葉を使い分けている。

しかし、本書のように全編、探検／冒険を論じる本で、同じような二つの言葉が入り乱れるとさすがに混乱する。ということで本書では基本的に冒険で統一することにした。探検ではなく冒険を使うことにしたのは、冒険のほうが意味が広く、汎用性も高いので言葉としてあつかいやすいからだ。本書のタイトルを探検論ではなく冒険論にしたのも同じ理由である。探検のほうは、どうしても探検じゃないとしっくりこないところでしか使っていないので、そのことだけ理解しておいてもらいたい。探検界、冒険界、登山界の人間は探検と冒険のちがいについてやたらうるさく、ここで一言述べておかないと、また角幡は探検と冒険を混乱しているなどといわれかねないのである。

それにしても二十年前に部室でボケーッとしていたときになんとなく頭の中で考えていた、輪郭のないモヤモヤとしたクラブ活動に対する思いが、今こうして一冊の本となってまとまるのだから、分からないものである。あのとき私がすごしていた時間に生産性はまったくなかったのだが、今になってみると、あのときの時間が揺籃（ゆりかご）となり、こうして一冊の本ができあがるわけだから、あの無為な時間はじつはとても有意義な時間だったのかもしれない。

第1章

本多勝一の冒険論

三原山火口のマグマに接近する早稲田大学探検部員。
「毎日グラフ」1969年1月19日号。

この二十年間、冒険とは何かということについて考えつづけてきた。日々そのことに思考を傾けてきた、というほど熱意あるものではないが、わりと断続的に考えてはきた。

いったい冒険とは何なのか。

たとえば極寒の冬の極地を旅するという試みがあるとする。具体的にいうと、それは標高差千メートルもある氷河を登り、視界のかぎり広がる氷の沙漠としか形容しようのないアイスキャップ（極地や山頂などをおおう氷雪）を、マイナス四十度の強風に叩かれながら、ひどい思いをしてとぼとぼと橇（そり）を引きつづけるというような行為である。あるいは人類にとって未知の地理的秘境をめざす旅というのもあるだろう。だが、それとてもヒマラヤの奥深くにねむる大峡谷の空白部をめざし、来る日も来る日も濃密で不快な泥まみれの藪（やぶ）の谷を蠢（うごめ）きまわるという日々にすぎない。

こうした行動は、実際に私が過去にやってきた活動の一例なのだが、冒険に関心のない一般の人たちにとっては単なる難行苦行にしか思えないだろう。そして困ったことに、その印象は基本的にまちがっていない。実際の冒険の現場は文明があたえてくれる便利で快適な空間とは見事なまでに断絶しており、寒さや濡れ、潜在的な死のリスクにとりかこまれた不愉快な時間のつらなりである場合が多い。冒険と無関係な人には、なぜそんな危険で不快なことを好き好んでやるのか理解できないだけでなく、やっている本人でさえ時々、なぜ自分はこんな苦行のようなことをしているのだろうかとよく分からなくなって、早く家に帰って飯をたらふく食べたいな、と希うのが冒険の世界なのである。

それにもかかわらず、われわれの社会には古くから冒険の魅力にとりつかれ、世界の果てをめざしてやまない病的ともいえる壊れた人間が一定の割合で常に存在してきた。時々ではない。常になのだ。少数ではあるが、人類史は一部の少しいかれたこの冒険族によって動かされてきたという側面が、たしかにある。

理屈のうえからすると人類の歴史上、冒険者が完全に消失した文明や時間は存在しないと思われる。なぜならリスクをとることを完璧に忌避する社会は停滞し、とりのこされ滅亡したはずだからである。数十万年前にアフリカ大地溝帯で祖先となる人類種から枝分かれして進化をとげてきたわれわれホモ・サピエンスには、いつ、いかなるときも、その種族の内部にちょっと頭のおかしな冒険族たちを養ってきた歴史があり、そうした少数のはみ出し者たちが、「ちょっとあの森の向こうの草むらが気になるから行ってみようや」と言い出して、大多数の非冒険族たちが「そんなわけの分からない場所に行くのは危ないからやめろよ」と反対するものの、冒険者のほうは「いやーどうしても行きたい」と説得を受けつけず旅に出て、案の定、ライオンに食い殺されて死亡、しかし中には未知のサバンナの探検に成功する者もいて、そうした冒険者たちがもたらした情報をもとにマジョリティーである非冒険者たちもぞろぞろと新しい土地をめざし、獲物がたくさんいる新天地に進出して拡散してきた、というのがおそらく人類の歴史を動かしてきたダイナミズムの、根本的な正体なのである。少なくとも私はそういう歴史観を持っている。つまり冒険という行動様式は本能レベルで組み込まれた人類の宿業（しゅくごう）のようなものであり、その功罪は別として、人類の文明や社会を動かす力でもあるわけだ。もし、人類が冒険を極端に忌避する好奇心と行動力の欠如した生物種だったら、われわれ現世人類は今でもアフリカの大森林の取るに足らない一角で、ボノボのように性器をいじりあって生活する平和な楽園をきずいていたかもしれない。

いずれにせよ冒険には一部の人間を惹きつけてやまない魅力がある。たとえ現場でどんなにつらい思いをして早く家に帰りたいと願っても、家に帰ってくるとまた次の冒険プランに胸をときめかせ、もぞもぞと準備を開始してしまうのが冒険者の生態である。

世界の可能性を拓け

私が冒険について考えるきっかけをつくったのが大学探検部だったことは〈はじめに〉で書いたが、この探検部というのは不思議というか、大学の吹き溜まりみたいなしょうもないクラブで、二十世紀も末にさしかかろうというのに探検などという時代遅れの行動を指向する連中が集まっているのだから、まあまあ、それはもうオメデタイとしかいいようのない集団だった。だが、もし私が入部していたのが探検部ではなく山岳部だったら、これほど深く冒険について考察する必要はなかっただろう。

山岳部というのはやることが決まっている。山に登ればいいからだ。山に登るのは決して簡単なことではないが、それでも山に登るという目的は決まっているので、存在論的なところでうじうじ悩む必要はない。どこの山に登ればいいのかについては悩むかもしれないが、自分は何をしたらいいのだろうという根源的なレベルの悩みからは解放されている。それに対して探検部はやることが決まっていない。探検という言葉は語義が曖昧なうえ、各自が異なったイメージを持っているため、部員は探検とは何かを自分で考え、それを実際に行動にうつして表現しなければならないのである。

私が入部した当時の探検部の新入生勧誘ビラには、でかでかと〈世界の可能性を拓け〉と大仰な文句が書かれていた。探検の全体像が固まっていない以上、部員たちは良心にしたがって自分が探検だと思う行動をとればいいのだが、しかし、たった一つだけ約束事があって、その活動は世界の可能性を拓くものでなければならないというわけだ。

今考えても、この〈世界の可能性を拓け〉というキャッチフレーズは冒険や探検行為の核心をズバリと突いた見事な言葉だったと思う。世界の可能性を拓くためには、世界についての明確な像を自分なりに確立しておかなければならない。すでに可能性が拓かれてしまった領域に探検の可能性はない。たとえば私は山が好きで大学時代は国内で登山ばかりしていたし、卒業後もしばらくはその面白味の虜になっていたのだが、それでも自分の探検活動を登山という行動形式で表現しようと思ったことはこれまで一度もなかった。なぜなら登山というのはすでにジャンルとして確立されており、社会的認知を受けている。そうである以上、登山はすでに拓かれた領域だといえるわけで、その意味では探検的ではないような気がしたからである。同様に川下りとかケービング（洞窟探検）とか自転車旅行とか、そういうある特定のジャンル化した行動、アウトドア専門店に行ったらそれ専用の販売コーナーができあがっているような活動にもどこか醒めた意識があり、そういったものとは一線を画した、まだ命名されていない知られざる行動形式によって困難な旅を実践してみたいと学生時代から欲求していた。それこそが探検という言葉に値する行為であり、冒険の秘密を解く鍵だと思っていたからだ。

それ以来、私はヒマラヤの奥地の峡谷の斜面トラバース（標高差をなるべく変えずに山中を水平移動する登山用語）を延々とつづけたり、太陽の昇らない冬の極地で一匹の犬を連れて長期間放浪するといったような、できるだけ拓かれていないと考えられる領域での行為を模索してきた。そのため以前所属していた新聞社のスポーツ部記者からは、どうしてそんなわけの分からないことばかりするのかと散々聞かれたが、その質問は私に、自分の行為の冒険的正当性を確認させただけだった。新聞というのは社会の木鐸なので、新聞記者というのは社会的な観点から見て正統的な行為しか評価できない思考回路を持っている。その新聞記者からわけが分からないと評価されるということは、自分が社会的正統性の埒外の未開拓な領域で行為できていることの証明にほかならず、探検的に正しいことをしていると思えたからだ。

探検部が教えてくれたのは、バンコクのパッポン通りに行くときには十分な資金を用意しなければならないことと、探検や冒険を実践するためには世界のどの領域の可能性が拓かれており、どの領域がまだ拓かれていないかを自分なりに見極めなければならないことの二つだった。この二つの教訓は今でも非常に役立っている。大学生の頃は、私もまだそのあたりのこと（もちろん後者のほう）を直観でしか理解していなかったが、それから二十年、自ら冒険旅行を実践して、それを著作物で表現して世に問うという活動をするうちに、冒険の全体像を理論立てて考えることができるようになってきた。おそらく私は冒険というものを自らの経験をベースに、現在の時代状況と照らしあわせて論じることのできる日本で唯一の人間であろう。

冒険を実践し、冒険について考察してきた一人の人間として感じるのは、この二十年で冒険をおこなうのが幾何級数的に難しくなってきたということだ。産業が発展してテクノロジーが進歩したことにより人類は地球上のほとんどあらゆる場所に苦も無く足を運べるようになった。その結果、冒険は大衆化し、容易になり、テレビ番組をつうじてお茶の間に浸透しているように思える。だが、大衆に訴えることを狙った活動は、じつは冒険っぽいイメージだけをまとった見せかけだけの疑似冒険にすぎないことが多い。辺境へのアクセスが容易になったことで、逆に本物の冒険は難しくなっているというのが、私の偽らざる実感である。

なぜ本物の冒険が難しくなったのか。この問いに対する答えの中には、現代社会のひずみやわれわれ自身の意識の変化が隠れている。それを探るには、そもそも冒険とは何なのかを考察しなければならない。そして冒険の本質を見極めることで、私は現代という時代に特有のある種の社会病理も浮き彫りになると考えている。

現代では人は冒険をしているようで、じつは冒険をできていない。当事者は冒険をしているつもりなのに、それが冒険になっていないうえ、本人がそのことに気づいていないという冒険的にはじつに皮肉な時代をむかえている。

冒険とは何か――本多勝一の冒険論

冒険とは〈歩く〉とか〈食べる〉とか〈動く〉といった言葉と同じように、基本的には人間の行動様式を示す言葉にすぎない。冒険をする、という文章はそれだけで独立して意味をなす。しかし〈歩く〉〈食べる〉〈動く〉が誰にとっても意味が明瞭な人間の基本的な動作をあらわす言葉であるのに対し、冒険という言葉にはもう少し複雑な意味の広がりがあるように思える。早速、辞書で調べてみたところ、冒険とは〈危険をおかすこと。成功のたしかでないことをあえてすること。〉(広辞苑)だそうだが、この簡潔な語義では冒険行為の実相をとらえているとはいいがたい。冒険という言葉の背後にはこうした辞書的な定義を超えたもっと広漠とした何か、まだ定義されていないもやもやとした領域が広がっているはずである。

では、冒険という行為は厳密にどのように定義できるのだろうか。

冒険を考察するにあたって避けて通れないのが、ジャーナリストの本多勝一による一連の冒険論である。今でこそあまり名前を聞かなくなったが、本多勝一といえば『ニューギニア高地人』『カナダ＝エスキモー』『アラビア遊牧民』のいわゆる極限の民族三部作や、中国報道やベトナム戦争報道、近代文明にはびこる差別構造を告発した『殺される側の論理』など数々の傑作ルポを発表してきた朝日新聞の看板記者だった。私の学生時代にはまだ、そこそこの規模の本屋に行けば必ずといってよいほど黒い背表紙の本多勝一シリーズがならんでおり、その一角だけなにやら社会的矛盾がむらむらと臭ってきそうな異様な雰囲気を醸し出していたものである。

登山界や探検界では知らない者はいないが、じつは本多勝一は京都大学に日本ではじめての探検部を創設したメンバーの一人であったことからも分かるように、すぐれたジャーナリストであるだけではなく、今西錦司や梅棹忠夫の系譜をうけつぐ日本探検界の正統的な継承者でもあった。極限の民族三部作は記者であり探検家でもある本多勝一という書き手の特色が最も強く反映された作品であり、そのほかにも『植村直己の冒険』『冒険と日本人』といった著作をつうじて、彼は冒険を多角的に論じてきた。

　大学こそ異なれど、探検部員であった私にとって日本初の探検部の創設者である本多勝一は、末端組織の構成員にとっての山口組の親分のような存在だった。登山や冒険の世界にまったく無知な状態で探検部員となった私は、本多勝一の著作を読むことで思いっきり彼の原理主義的な冒険論の影響を受けた。とりわけ彼が京大時代に書いたという、二人の山岳部員が対話するかたちで展開される「『創造的な登山（パイオニア＝ワーク）』とは何か」という一篇には強烈な衝撃を受けた。それはもはや衝撃とか影響とかいうレベルではなく、ほとんど被爆といってよかったと思う。木造モルタルアパートの薄暗い共同便所で本多勝一の本をめくっていた私は、パイオニアワーク論と呼ばれる彼の有名な冒険思想に触れ、その感銘と押し寄せる便意が混合して便器のうえでプルプルと震えていたのである。

　アインシュタインの相対性理論が $E=mc^2$ というきわめて簡潔な方程式で示され、またワトソンとクリックがＤＮＡの立体構造が二重螺旋（らせん）というじつに美しいかたちであることを突きとめたことからも分かるように、世界の仕組みを解き明かす原理はどれもこれもシンプルだ。同様に本多勝一の冒険論もシンプル極まりなく、それゆえ現代においても強い妥当性を持っている。

彼によると冒険の条件は基本的に次の二点に要約できるという。一つは危険であること。この場合の危険という意味は、文字どおり生命の危険を意味しており、ジェットコースターに乗ってスリルを感じるときのような、一見、危険であるように見えるが裏でしっかりと安全が確保されているような行動は冒険にはなりえない。もう一点は、その行動が主体的であることだ。たとえば、本人の意志とは無関係に徴兵されて戦闘に参加させられて九死に一生を得るというようなケースは、明らかに生命の危険が生じているので冒険であるように思えるが、その行動自体は国家権力が有無をいわさず徴発して強制したものであり、個人が主体的に選び取ったものではないので冒険とはみなされない、ということになる。

①明らかに生命への危険をふくんでいること

②主体的に始められた行為であること

この二点さえ満たされていれば、その行動は冒険であると本多勝一はいう。たとえば徴発された兵士が戦場に赴くのは冒険ではないとしても、ベトナム戦争の取材でベトコンの襲撃を受けて九死に一生を得た開高健（かいこうたけし）のような体験は、同じ戦場体験だとしても、誰からも強制されることなく自発的に戦場に同行したわけだから立派な冒険だといえる。逆に、近年人気のアドベンチャーレースや山岳レースは、それが肉体的にどれほど過酷で、舞台がジャングルや砂漠など冒険っぽく見える場所でおこなわれようと、主催者によってコースが設定され安全が管理されているかぎり、生命の危険という第一の条件はクリアできないので冒険ではないということになる。このようにこの二点を基準にすれば、人間のあらゆる行動を冒険かどうかという観点で大別することができる。それが本多式冒険論の土台である。

パイオニアワーク論の衝撃

この二つの条件を基礎に本多勝一の冒険論は、学生時代の私を便所でプルプルと震えさせた、あのパイオニアワーク論へと展開する。パイオニアワーク論は冒険の条件というより、冒険者がめざすべき信念のようなものである。その行為がパイオニアワークでなくとも冒険である場合はあるが、パイオニアワークであれば冒険的にはよりレベルの高い行為になり望ましい、というようなイメージだ。

パイオニアワークとは簡単にいえば前人未到の行為のことである。探検部的にいうと世界の可能性を拓く活動のことだ。たとえば登山を例にとると、山の世界で最もパイオニアワーク的な行為は未踏峰や未踏の岩壁を登ることである。なぜなら未踏峰を登るには自分たちで登れるルートを見つけるという現場でのクリエイティブな試行錯誤がともなうからである。これに対してルートが確定してしまった山ほど非パイオニアワーク的なものはない。いたるところにハーケンが打ち込まれてルートが整備され、ガイドブックができあがり、挙句の果てには次の岩場は右手をかけてから身体を持ちあげる、みたいなことまで指示されていき、自らが作りあげていく主体的な行為とはいいがたくなっていくからだ。つまり冒険は、生命の危険があり、かつ主体的であるだけでなく、誰もが経験したことのない未知を相手にした創造性あふれるパイオニアワークであることが理想とされたのである。

本多勝一がパイオニアワーク論をぶちあげたのは、京都大学山岳部の現役時代に部報に書いた一篇が最初だった。彼はその後に山岳部をやめてパイオニアワーク専門集団としての探検部を創設する。若き本多勝一が謳いあげたパイオニアワークは気宇壮大だった。

> パイオニア＝ワークという言葉も、小さな対象にまで包含されたら、確かにきりのないものになろう。しかしパイオニア＝ワークを美称する以上、それは極めて純粋かつ真摯な態度であろうから、「小さな対象」などという観念を意識しているようなものはパイオニア＝ワークではない。この立場から見れば、人生そのものがパイオニ

ア＝ワークだと極論することもできるかもしれない。個々の生涯は、夫々ひとつひとつのパイオニア＝ワークである。もちろん、何処で挫折するかという程度の問題はあるが。そして、個としてのパイオニア＝ワークが人類としてのそれまで高められたときこそ、パイオニア＝ワークは最大のものとなろう。逆に言えば、人類としてのパイオニア＝ワークが達成される時は、個としてのパイオニア＝ワークの意味が同時に人類の問題となっている。（「創造的な登山」とは何か『日本人の冒険と「創造的な登山」』）

このように人類初こそ意味ある行為として位置づけ、未踏峰を目指さずに合宿やバリエーションルート登攀（一般ルートではない、より困難な派生ルート）にいそしむ登山のあり方に彼は疑問を投げかけたのである。

さて、この本多勝一のパイオニアワーク論が傑出しているのは、たとえば登山でいえば、この議論を特定の山にのみあてはめて考えたのではなく、登山行為全体に押しひろげたところにある。

ヒマラヤを例にとってパイオニアワークとは何かを考えてみよう。本多によると登山の世界で最大のパイオニアワークは未踏峰時代のエベレストに初登頂することだった。しかしこれは一九五三年に初登頂されてしまい、それ以降、エベレストのパイオニアワーク度は格段に低くなる。しかし第二の高峰K2がある……と思ったら、これも一九五四年に登られ、パイオニアワークではなくなる。しかし第三の……と、八千メートル峰の未踏峰は一九五〇年代から六〇年代に次々と登頂されていく。このとき、単純に考えると、エベレストが登られたからといってほかの八千メートル峰、たとえば第五位の高峰マカルーのパイオニアワーク度が低くなるわけではないような気がする。だから各国の登山隊は次の高峰、次の高峰と順次、未踏峰の八千メートル峰を狙ったのだが、しかし本多はそれはまちがっていると指摘する（正確にいえば本多はそれをまちがっていると指摘したわけではないが、本多の理論を敷衍するとそういうふうに読める）。

なぜかというと、エベレストが登られ、K2が登られていくうちに、八千メートル峰登山のタクティクス（攻略法）が少しずつ開発され、それがほかの未踏峰にも適用されていくからである。エベレストが登られていなかった時点ではまだ完璧にパイオニアワークだった八千メートル峰登山が、エベレストが登られることで軒並みパイオニアワーク度を下げてしまうのだ。

山が次々と登られるうちに、八千メートル峰登山という行為そのものが方法論的に開発され、より合理的な登り方が定型化していき、未踏峰を含めたヒマラヤ全体で使われるようになって、全体的にシステマティックになって創造性が失われていく。定型化が進んで現場から創造性が失われていくほど、パイオニアワークに値する仕事は無くなっていき、そこにあるのは人々の常識の枠内におさまった整然とした世界にすぎなくなる。しかも人々の思考や常識も八千メートルを登るという行為に慣れていき、それをとくに珍しい行為ではないとみなすようになっていく。こうしてパイオニアワークだった行為は人々の思考の範囲内におさまっていき、まあそういうことをする変わった人も世の中にはいるよね、というコンセンサスが社会全体で醸成され、その分野から未知の要素が減少していく。

本多勝一はこのパイオニアワークの真髄について次のような挑発的な言葉で語っている。

いつの世にもパイオニア＝ワークというものは非常識なものでね。それが常識的になったときはすでにパイオニア＝ワークではなくなっている。（前掲書）

この指摘は現代の冒険を考えるうえでも非常に重要だ。本多のパイオニアワーク論は最終的には精緻に理論化されることなく、冒険者がめざす信念のようなものを示す文学的表現にとどまって終わった。しかしこの言葉を見るかぎり、本多が〈パイオニアワーク＝いい冒険〉を、〈常識〉という漠然とした人々の共同意識を基準に考えていたことは確実である。本多はパイオニアワークという言葉を武器に、危険であること、主体的であることのさらに奥に潜む、冒険の核心を手中にしていたのだ。

本多のパイオニアワーク論は、私がいうところの脱システム論とほとんど同じだが、本多はパイオニアワーク論の核心だった〈常識〉の概念を詳細に検討し、解析することをしなかった。たぶん「朝日新聞」を代表する記者になって問題意識が差別や権力や中国などに移っていき、冒険とは何かという問題は彼の中で優先順位の低いテーマに地位を落としたのだろう。そのモチベーションの変遷はよく分かるが、結果的に〈常識〉の概念を中途半端に終わらせたため、パイオニアワーク論は基礎づけされることも無く完成を見ずに力を失ってしまった感がある。

ある意味、本書は本多が提唱した〈パイオニアワーク＝非常識論〉を継承し、もっと厳密に考えることが目的だともいえる。本多の〈常識〉をシステムの概念として捉えなおし、パイオニアワーク論を脱システム論として定式化し、冒険行為の実相をよりクリアに提示する。それが私の狙いだ。

人類史上最高の冒険とは？

ここで議論を少し離れて、人類史上最高の冒険が何か、ちょっと考えてみることにしたい。冒険とは何かを考えるには良い具体例を参考にしたほうがイメージもわきやすい。

人類史上最高の冒険とは何か。最大ではなく最高としたのは、ここで問いたいのは規模の大小や、その冒険の結果切り拓かれた産業的な成功などではなく、あくまで一人の人間が成しえた行為の価値について考えてみたいからである。

私は冒険とは本質的には、その人の個人的な行動だと考えている。その人個人の意思と発想で始まり、その人の力で切り拓かれ、その人の自己責任によって完結する行為だ。くりかえしになるが、探検とは土地やその未知性を主人公にした物語であるが、冒険とは冒険者そのものを主人公にした物語だ。冒険は組織より個人が原動力になって始まる行為であるし、そうであるからこそ冒険の世界では自力や自由の概念が尊ばれ、人を惹きつける物語も生まれやすいのだと思う。今回は冒険論なので、未知の領域がどんな領域だったか、そしてそこに突っ込んだ結果どのような新しいことが分かったかという探検的な側面より、その未知の領域に突っ込むという人間の行動としての人類史上最高を考えたい。

個人の行動となると、近代以降の冒険がここでの対象となる。もちろん近代以前にも冒険に値する行為は無数にあった。というよりコロンブスの航海やマゼランの世界周航など、世界史をぬりかえるような冒険行動はむしろ近代以前のほうが目立つぐらいだ。しかしコロンブスやマゼランのような大航海時代の偉業は、規模は大きいものの国家をバックにした、国家の膨張の論理の中で展開された事業なので、個人の行動とはいいがたい面がある。また、十六世紀にアステカ帝国を征服したエルナン・コルテスやインカ文明を滅ぼしたフランシスコ・ピサロなどの悪名高いコンキスタドールたちの探検も、たしかに途轍もない冒険ではあったろうが、その行動がもたらしたインディオ文明の悲惨な末路や、黄金に目がくらんでいたという彼ら自身の行動の動機などを考えると、これも最高という言葉の持つ語感から少しずれる。一方、紀元前のポリネシア人の太平洋拡散などは壮大でロマンあふれる大冒険行であったが、これも個人の行動というより、ある人類集団全体の巨大な移動行為（この移動の中には個人による無数の偉大な冒険があったのだろうが、それらの詳細な物語は伝わっていない）ととらえたほうが適切だし、また、十九世紀にバフィン島から数年かけて集団をグリーンランドまで率いたイヌイットの伝説的シャーマン、ケッダッハーの放浪探検なども大変な冒険にはちがいないが、記録が不十分で実態がよく分からない。それを考えると、やはり対象は詳細な記録があり、かつ冒険が一人の人間の発意をもとにした本質的に無償の行為となる近代以降の行動にしぼられる。

いくつかの偉業がパッと思い浮かぶ。極地でいえば一九一一年のアムンセンの南極点到達や、一九一四年から一七年のシャクルトンによる南極脱出行が有名だ。詐欺師あつかいされて今ではまったく評価されていないが、米国のフレデリック・クックによる幻の北極点初到達行（一九〇九年）も、内容的にはかなり凄まじい行為だったのではないかと私は考えている。登山の世界ではエベレスト山頂付近でマロリーが消えた一九二四年の英国エベレスト遠征隊や、ヘルマン・ブールのナンガパルバット単独行、ラインホルト・メスナーの信じがたい数々のヒマラヤ登山などが有力候補になりそうだ。海では、その独創性と探検の新しい可能性を切り拓いた点からトール・ヘイエルダールのコンチキ号探検がインパクト抜群である。アラン・ボンバールの実験漂流もこのうえなく危険で独創的だ。

しかし、これらの記憶されるべき人間たちの業績をおしのけて空前絶後、最高の冒険行為として記録されうると私が考えるのがノルウェーの探検家フリッチョフ・ナンセンが一八九三年から九六年におこなった北極海横断探検である。

「愚の骨頂」と誰もが思った

　この探検のスケールと非常識ぶりは人類史上きわだっており、驚異の一言に尽きる。ナンセンの冒険は、一八八四年にジャネット号という米国の探検隊の船の漂流物がグリーンランド南西部の海岸で見つかったという記事がきっかけとなった。ジャネット号が沈没したのはロシアのシベリア北方である。それがなぜ正反対のグリーンランドで発見されたのか？　記事を読み疑問を持ったナンセンはシベリアから北極点を経由してグリーンランドへ海流が流れているという仮説をうちたてた。

　だが、そこまでなら着眼点は独創的ではあるが、非常識ではない。普通といってもよい。ナンセンが非常識だったのはそれからだ。すでに世界初のグリーンランド横断に成功して極地探検家としての地位を確立していた彼は、机上の仮説をうちたてるだけにとどまらず、その海流に乗って船で漂流すれば前人未到の北極点に到達できると考え、あろうことかそれを実行することにしたのである。つまり自分を漂流する材木と同じ状況下に置こう、そうしたら北極点に行けるかも、という何とも大胆不敵なことを考えついたのだ。

　現代の人がこの話を聞いたら、彼の行為は今の時代の感覚なら非常識かもしれないが、当時はもう少し人間の行動に対する寛容度が高くて、まだ何でもありの時代だったろうから、それを考えると非常識とまでいえないんじゃないの？　と思うかもしれない。だが、それはまちがっており、ナンセンの計画はこの時代の感覚からしても十分に非常識だったようだ。その証拠にナンセンがこの計画を発表すると、外国の多くの極地探検家や北極の権威者たちから「愚の骨頂」とこき下ろされたのである。

ナンセンはこの探検の報告書である『フラム号北極海横断記―北の果て―』（太田昌秀(おおたよしひで)訳）という本の中でこれらの反対意見をいちいち紹介しているが、たとえば英国の著名な極地探検家マックリントックについては「私の計画が実現できるかどうかを強く疑っていた。彼は、氷の中で船が壊される危険があまりにも大きすぎるという意見だった」と記し、米国人探検家のグリーリーからは「この計画は北極地域の物理的な状況についての間違った考えと予想に基づいており、もしこれが実行されれば、隊員たちの苦しみと死以外のなんの結果も得られない」と批判されたという。

しかしナンセンはそうした意見を全然意に介さなかった。無視した。やりすごした。普通は萎縮して、そうですか、じゃあ計画をもう少し穏便に縮小します、みたいなことになるわけだが、そうしなかった。たぶん彼には、彼にしか分からない勝算があったのだろう。

ナンセンは氷の圧力を受けたら浮かびあがる丸底の帆船フラム号を建造し、一八九三年にノルウェーを出港する。フラム号はシベリアの北側を東に進み、北緯七十八度付近で北極海のぶあつい氷に囲まれ漂流を始めた。ナンセンの目論見どおり、フラム号は北極海を横断する海流に乗ってじわじわと北上していく。二度の暗黒の冬を船上で越した後（とさらっと書いたが、不安定な北極海上で二度も越冬している時点ですでに人類史的偉業である）、ナンセンは当初の予定どおりフラム号を離れ、相棒のヨハンセン、そして二十八匹の犬とともに究極の目的である北極点をめざす前代未聞の氷上行進を開始した。

この氷上行進はまったく信じがたい試みだった。というのも、ナンセンが出発した後、出発地点であるフラム号はゆらゆらとどこかに漂流していなくなってしまうからだ。つまり一度出発してしまえば、彼は二度と船には戻れないのである。したがって、生還するためには彼らは広大な北極海の氷を突っ切って、どこか別の陸地に自力でたどり着かなければならない。

船を離れて一カ月近く犬橇で氷上を北進したナンセンとヨハンセンは、北緯八十六度十四分という当時の人類最北到達記録を樹立すると、北極点到達は不可能と判断し、そこから陸地をめざすことにした。しかし、彼の目の前には未だ言葉の真の意味で前人未到、北極海のど真ん中を千キロ近くにわたって突っ切らなければならないという人類未経験の課

北極圏の地図

矢印はナンセンの経路。
Ⓐフラム号の漂流が始まった北緯78度付近。
Ⓑナンセンとヨハンセンが船を離れた地点（1895年3月14日）。
Ⓒ二人がフランツヨゼフ諸島に上陸した地点（1895年8月14日）。
Ⓓナンセンがジャクソン探検隊と出会ったフローラ岬（1896年6月17日）。

題が横たわっていた。もちろん自然環境は極限といっていいほど過酷だ。海上の氷は常に揺れ動き、いつ割れるか分からないうえ、白熊や海象に襲われる危険もある。そのような環境の中、彼らはいくつもの巨大な氷脈を越え、開いた海にカヤックを浮かべ、食料が乏しくなると犬を殺して飢えをしのぎ、実際に襲撃しにきた白熊や海象を返り討ちにして食料を確保した。

　当然ながらＧＰＳや通信手段のない時代なので、現在位置は六分儀で太陽を天測して決定しなければならない。だがＧＰＳとは異なり、天測には必ず誤差がつきまとう。なかなか陸地が見えないことにナンセンは苛立ち、天測結果が誤っているのではないかという疑念が晴れなかった。しかも彼らがいたのは不動の陸地ではなく海流や風の影響で移動する海氷のうえだった。そのため陸地が見えないのが天測の誤差のせいなのか、海氷が移動しているせいなのか、それさえも全然分からなかった。当然、位置を決定できないと人間の住む世界に戻れず、そのうち野垂れ死にしてしまう。広大な北極海のどこにいるか分からないという彼らの不安は、世界冒険史上、最もスケールの大きな不安だったといえる。

　三月十四日にフラム号を離れてちょうど五カ月が経った八月十四日、ナンセンとヨハンセンはついにめざすフランツヨゼフ諸島に上陸してほっと一息ついた。しかし彼らの安全がそこで確保されたわけではなかった。残念ながら当時のフランツヨゼフ諸島は人間の生活圏内ではなく、まだ正確な地図のない地理的探検の立派な最前線だった。当然、そこに人間が定住している集落はない。彼らが生還するにはさらに海を渡ってはるか西にあるスバールバル諸島にたどり着かなければならなかった。

恐ろしいことに、天測で正確な座標位置を決定できていなかったナンセンは、自分がいるのがフランツヨゼフ諸島なのか、それとも別の島なのか分かっておらず、彼らはまだ広大な北極で迷いつづけていた。ナンセンは、やむなくその地に越冬小屋を設営することに決め、海象の牙や骨で土を掘り、石で壁を積みあげ、丸太と海象の皮で屋根をつくり、白熊を撃ち殺して大量の食料を確保した。そしてこの粗末な越冬小屋で、四カ月にもおよぶ太陽の昇らない暗黒の闇夜を耐え忍び（とこれもさらっと書いたが、三度目の越冬である）、翌年五月からふたたび南下を開始したのである。

彼らが不意に人間界に帰還することになったのは、越冬小屋を離れて一カ月近く進んだ一八九六年六月十七日だった。ナンセンはそのときの様子を次のように書いている。

その時、犬の吠え声に似たある音が突然耳にとびこんできた。私はびっくりした。

わずか二声か三声だったが、犬以外の何物でもない。（中略）
ヨハンセンに向かって「陸地の方から犬の声が聞えたぞ！」と怒鳴った。
彼は寝袋から起きあがって外へ転げだしてきた。「犬だって！」

（『フラム号北極海横断記―北の果て―』）

その犬は英国のジャクソン探検隊のものだった。ここにおいて、まるまる三年にわたって非人間界を流浪して獣脂（じゅうし）と煤（すす）まみれになった蓬髪（ほうはつ）の元（もと）文明人二人と、チェックのスーツを着て石鹸の香りを漂わせた、小ざっぱりとした英国紳士による、探検史上、最も劇的な出会いが展開された。がっちりと握手をかわし、「どちらからいらしたのですか」と訊ねるジャクソンに、ナンセンは「二年間フラム号で漂流してから、北緯八十六度十五分（原文ママ）まで橇で行って、今はスピッツベルゲンに向かっているところです」と悠々と答えてのけた。こうしてナンセンとヨハンセンの二人は、ジャクソン探検隊の船に回収されて、髭を剃って、きれいな格好をして人間界に送りとどけられることになったのである。

私がナンセンの冒険が最高だと考えるのは、彼らが人類史上、最も守られていない環境で旅をしていたと考えられるからである。現代の冒険家が持ち歩く衛星電話やＧＰＳといった外部と連絡がとりあえる通信端末はおろか、出発地点であるフラム号さえ漂流して、いなくなってしまっているわけだから、彼らにはもどる場所さえ存在しなかった。人間の集落から何千キロも離れ、浮き氷が漂ったり割れたりするきわめて危険な北極海の真っ只中で、彼らは完璧にぽつんと孤立していたのだ。冒険の歴史においては何からも守られていない状況で活動してきた人間は数多くいるし、守られていない状況の中で自力で命をつむぐ行為こそ冒険なのだということもいえるわけだが、ナンセンの冒険はその守られていないぶりが飛びぬけていたといえる。これほど無防備な状態で、出会う野生動物を撃って食料にし、自分がどこにいるのかさえはっきり分からないまま、北極海のような広漠とした自然環境の中をふらふら放浪した人間は、人類史上この二人だけだろう。

十九世紀後半から二十世紀初頭にかけては極地探検にまだ国家レベルの意義があり、そうした時代意識の後押しがあったからこそ、彼の冒険はおそらく実行可能となった。さらにこの時代はまだテクノロジーが完全に極地をおおいつくしていなかったため、彼らのような極地探検家は、好むと好まざるとにかかわらず途方もなく広大なスケールで孤立せざるをえなかった。このような時代だったからこそナンセンの冒険のような突出した行為は実行可能であったし、逆にいえばそうした特異な時代でなければこのような無謀な行為を発想することさえ叶わなかっただろう。時代が可能にした冒険だったからこそ、彼の冒険はいささかも色あせること無く、人類にとってたった一度の、真の唯一無二の行為として今もそびえている。

第2章

脱システムとしての冒険

著者が発見したチベット・ツアンポー峡谷奥地にある「ホクドルンの洞穴」。2003年著者撮影。

エベレスト登山はなぜ冒険ではなくなったか

ところで、前章で紹介した本多勝一の冒険論であるが、現代という時代においても果たして通用するのだろうか。

一見、シンプルかつ非の打ちどころのない理論に思える本多の冒険論であるが、彼が『創造的な登山』とは何か」などで冒険論を展開したのは主に一九五〇~六〇年代であり、もうずいぶん昔の話になってしまった。それから人類はヒマラヤの高峰をあらかた征服したし、冷戦構造は終焉したし、携帯電話や衛星電話が登場して辺境の山奥にいても日本の家族と会話できるようにもなった。GPS、携帯電話、スマホ、インターネットなどの情報通信技術の発達は社会や経済、われわれの生活のあり方を文字どおり一変させている。社会や経済どころか、われわれの知覚の仕方すら変え、AIの功罪が議論されてシンギュラリティなどということが声高に叫ばれる時代になった。一言でいえば、本多が冒険論を展開した時代と比べ、現代は社会、科学技術、人間いずれの面においても複雑化しており隔世の感がある。彼のシンプルな冒険論が通用するかどうかは検討の余地がありそうだ。

本多式冒険論が現代でも通用するかを見きわめるため、エベレスト登山を例に少し検討してみよう。まず端的にこう問うてみる。エベレストを登ることは今でも冒険的な行為なのだろうか――。

一八五二年、それまでピークXVと呼ばれ何の変哲もないと思われていた山が世界最高峰と判明し、インド測量局長官であったジョージ・エベレスト卿に敬意を表してマウント・エベレストという名前があたえられて以来、この山は世界中の登山家たちの名誉と欲望の対象となってきた。英国が北面のチベット側から遠征隊を派遣し始めたのは一九二一年、それからわずか三年後に派遣された第三次隊では、隊員のエドワード・ノートンが標高八千五百七十二メートル――頂上までわずか二百七十六メートル――の地点に達するという驚異的な結果をのこしている。しかし、このノートンの信じられない記録は、彼のすぐ後に頂上をめざした二人の隊員によって、おそらく塗り替えられた。

〈おそらく〉と断定を避けたのは、この二人が生きて帰ってくることがなかったため、彼らがどこまで到達したかは正式には確認されていないからだ。二人の隊員とは「そこに山があるから」の言葉で有名な登山家ジョージ・マロリーとアンドリュー・アーヴィンである。彼らが山頂付近の稜線を力強く登っていたことは隊員のノエル・オデルによって視認されているが、霧に閉ざされてしまい、その後は誰も姿を見ていない。登頂していた可能性もゼロではなく、もし登頂していたら、現在正式に認められているエベレスト初登頂よ

ジョージ・マロリー率いるエベレスト遠征隊。1924年ベースキャンプにて。後列向かって左から順にアンドリュー・アーヴィンとマロリー。
©bridgemanimages/amanaimages

り人類は二十九年も早くこの世界最高峰を征服していたことになる。

その後、戦争による中断があったものの、戦後になるとネパール側からエベレストへの挑戦は再開され、一九五三年、ついにニュージーランド出身の養蜂家エドモンド・ヒラリーと現地人隊員のシェルパ、テンジン・ノルゲイによってその頂は落城させられた。一八五二年に世界最高峰と判明して以来、この山が初登頂されるまでじつに約百年かかり、十五の遠征隊が挑み、二十五の人命が失われた。

当然のことながらこの黎明期における世界最高峰への挑戦は掛け値なしの冒険だった。エベレスト登山はナンセンの北極海漂流と同様、完全に未知の世界を行く行為で、アプローチする道も手探りなら、登頂ルートも不明という世界最高のパイオニアワークだった。

現在最も一般的な登頂ルートとされているのはネパール側の南東稜ルートだが、そもそもこの南東稜は、この山の登山史の初期においては下部のアイスフォールが危険すぎ、登頂ルートとしては不適当だと考えられていた。ルート探索だけではなく高所登山のタクティクスも分かっておらず、人間がどの程度まで低酸素状態に耐えられるかも解明されていなかったし、重たい酸素ボンベを背負ったほうが有利か、無酸素で荷物を軽量化して登ったほうが有利かも手探りだった。装備も現代の基準化から見れば憐れなほど粗末なもので、高所に適した装備の開発も重要な課題だった。簡単にいえば、エベレストという山はまだ完全に人間の手のおよばない混沌とした舞台であり、隊員たちは現場で試行錯誤をくりかえしながら、最終的には一か八かの決断により自らの命を懸けなければならなかったわけだ。

マニュアル化された登山

しかし今のエベレスト登山はどうだろう。いうまでもないことだが、現代のエベレスト登山は一世紀近く前にマロリーが霧の向こうに姿を消した当時とは様相を異にしている。現代のエベレスト登山の主流は公募登山だ。公募登山とは、以前のように各国の精鋭登山家が結集して組織された遠征登山とはちがって、エベレストに登りたい希望者が、熟練したガイド登山家が主催する隊にお金を払って参加するという、いわば商業ツアー登山の形態をとっている。その結果、登山経験も技術も知識も足りない、昔だったらいわば参加資格のなかったほぼ素人といえる顧客が、ガイドの技術と経験に頼って登頂を果たすというケースが多くなっている。

少し具体的に説明しよう。ロープを使った登攀要素の強い登山では基本的には先頭に立ってロープを延ばしていく〈リード〉と呼ばれるクライマーが一番墜落の可能性が高く、危険で恐ろしく、だからこそやりがいもある。しかし、こうしたツアー登山においてはガイドやシェルパがリードして固定ロープを延ばしていくため、顧客である登山者は危険をおかすこと無く、専用器具をはめてその固定ロープを伝って登ることができる。意地悪ない い方をすれば、他者が危険をおかして設置してくれたロープを伝って登るだけだ。また、最大のリスクである高山病を避けるためのタクティクスも完全にマニュアル化されており、何日目に第一キャンプに登り、そこから一度ベースキャンプに戻って何日間休養し、今度は第二キャンプまで登ってその高度に順応して……といった日程がおおよそ決められている。もちろんその判断もツアーを率いるガイドが下すわけで、登山者は基本的にはこうしたマニュアルに沿っての行動を指示される。

天気予報の精度の向上も見逃せない。資金が豊富な公募登山隊は母国の気象予報会社と契約をかわしており、登頂に最適な天候の日が割り出され、衛星電話やインターネットを通じて伝えられる。一方、資金が足りず気象予報会社と契約できない公募隊は、有力公募隊の動向に常に気を配っており、彼らが出発する気配を見せたらすぐに自分たちも出発できるよう準備を整えておくとも聞く。そのため絶好の登頂日和ともなると各公募隊の参加者がひしめき合い、百人以上もの人間が列をつくってぞろぞろと山頂に向かうという、ちょっとエベレスト＝冒険というイメージとは相いれない状況が現出する（私はエベレストに登ったこともないし登るつもりもないので、これらはすべて本で読んだか、人から聞いた話である）。一言でいえば、公募登山の参加者は自分の力で山に登っているわけではない。同じエベレスト登頂者といっても、先ほどのマロリーや初登頂者のヒラリー、あるいは一九七〇年代に活躍した植村直己（うえむらなおみ）や加藤保男（かとうやすお）のような人たちと現在のツアー参加型登頂者を同列に論じることは、到底できない。

とはいえ、たとえガイド頼みの非自力的な行為であっても、参加者は主体的にエベレスト登山を希望しているわけだし、また、いくらガイド任せであるからといって、そこはさすがに世界最高峰のエベレスト、気象の突然の悪化や雪崩、あるいは高山病などによる死亡のリスクは決して低いわけではない。したがって本多勝一が定義した二条件は満たしているわけで、そう考えるとエベレストの公募登山だって冒険だといえそうである。

ところが、私の言語感覚として、このエベレストツアーを冒険と呼ぶことにはどこか抵抗を感じる。危険はゼロではないが、冒険とするには何かが欠けているように思えるのだ。それは何だろう。

エベレストツアーに足りないのは無謀性である。現代のエベレスト登山には多少のリスクはあるかもしれないが、一九二四年のマロリーの登山やナンセンの北極海漂流に感じられるような、行為全体の性質を決定づける無謀性が完全に失われてしまっている。未知の欠如といいかえてもいいかもしれない。そして、なぜ無謀性や未知が失われたかといえば、それはエベレスト登山が先に述べたように商業公募登山隊方式によって完全にマニュアル化され（というよりも、むしろ商業公募登山隊方式が可能になるほどマニュアル化できるようになった、ということかもしれない）基本的にそのマニュアルに沿って展開される、いわば管理された先の読める行為に変質してしまったからである。

エベレストツアーにカオスはあるか

ナンセンやマロリーの時代におこなわれていた探検や冒険は、本来、システム化された世界の外側にある、混沌とした領域で展開される先の読めない行為であった。当然、マニュアルが通用するような世界ではなく、徹底した現場主義。その場における試行錯誤と、最終的には一か八かの決断によってはじめて成功を勝ち取ることができる創造性を基礎としていた。

たとえばナンセンの場合は、どう控えめに見ても北極海を船で漂流できるかどうかは分からなかった。彼なりにある程度の勝算はあったかもしれないが、それは単なる妄想や希望的観測と紙一重だったはずである。だから彼の行為は出発するまで、北極の権威たちから愚の骨頂と批判をあびていたのだ。マロリーが消えた一九二四年のエベレストも同じだ。八千メートル以上の超高所で人体がどのような生理的反応を示すのかも解明されていなかったし、現在ではセカンドステップとして知られる高さ三十メートルの厄介な岩壁が頂上直下に立ちはだかることも分かっていなかった。それを考えると冒険における無謀性とは、じつは管理されていない自由で不確かな領域におけるクリエイティブな試行錯誤の中にこそあるといってもいいだろう。そこに何があるか分からない。どうなっているか不明。そういう未知なるカオスの中にあえて突っ込む。その瞬間にこそ冒険の本質は潜んでいるのだが、エベレストツアー登山にはその要素が決定的に不足しているのだ。

残念ながら、エベレストは世界最高峰であるがゆえに、世界中の人間の名誉と欲望の対象となった。初登頂の後も各国の登山隊が途切れることなく訪れ、さらに公募登山隊が主流になってからは経済的に余力のある上昇志向の強い登山の素人たちが群れを成すようになり、性懲りもなく毎年ぞろぞろと人間が集まりつづけた。当然、人間がこのような超高所の山に登りつづければ無数の失敗と数えきれないほどの死体が山となってつみかさなることになる。その結果、いつの間にかエベレスト登山からは無駄で危険な方法がそぎ落とされ、山頂にいたるための合理的な方法が選択されて、それが生き残り、次第に行為が定型化していき、現場での創造性が失われ、ある意味、洗練され、そして整然としていった。そして気がつくと、ついこの前までシステムの外側にそびえ立っていたはずの、あの未知の象徴たる世界の最高峰は、いつの間にやらわれわれのシステムの内側に吸収されてしまっており、登頂をめざすこと自体、クリエイティブな要素など微塵もない、逆にこれさえやれば志望校に合格できますみたいな受験テクニックさながらの、没個性的マニュアル行為の対象へと変質してしまっていたのである。

今ではバラエティー番組の企画で登山とは無縁の女性タレントがエベレスト登頂に挑んでも、すごいな、頑張ったな、よくやったなと思う程度で、まあそういうこともありうるだろうなぐらいの感想しかわかない。しかし、まさにその事実こそ、エベレスト登山がわれわれの常識の枠内におさまったことをよくあらわしている。

現代のエベレストツアー登山に見られるのはマニュアル化が進んだ非冒険的な姿である。何度も何度も行為がくりかえされ、やり方が定型化したことで未知の要素が失われ、登山と無縁のタレントが挑戦してもとくに違和感をおぼえないほどわれわれの常識の枠内に吸収されてしまった山、それはよくいえばかつての本物の冒険の残影のようなものだ。こうしたマニュアル化現象は、程度の差こそあれ、今では世界中のあらゆる分野で見られる。北極点しかり、南極点しかり、人間の欲望の対象となり公募隊が商業的に成立するフィールドにおいては、安全性を確保しなければならないこともあって必然的にマニュアル化が進む。しかし、マニュアルにしたがうことが成功の早道であるような行為が冒険であるはずがない。

本物の冒険であったナンセンの北極海漂流や初期のエベレスト登山は常識の外側にある未知の混沌とした領域に飛び出すという要素が強かった。この未知の状況に突っ込むという冒険の本質は、本多式冒険論の二条件である〈危険性〉〈主体性〉とはまた別の要素であり、彼がパイオニアワークと呼んだ概念がそれにあたる。だが、彼はパイオニアワークが成立する前提条件である〈常識〉の概念を分析しなかったので議論が不完全なまま終わった。

冒険の本質であるこの常識化以前の状態をより具体的に明らかにするためには、本多勝一がパイオニアワークとして手にしかけていた概念をさらに精緻に解明することが必要だ。そのための武器が、すなわち脱システム、システムの外側にいかにして飛び出すかという観点である。

神話における脱システム

この脱システムという考え方であるが、じつは別に新しいものでもなんでもない。というか、もともと昔は旅や冒険と呼ばれる行為は基本的に脱システム的であり、脱システムしない旅や冒険などありえなかった。旅をすれば、いちいち脱システムしようと意識などしなくても、自然と脱システムになっていた。それが今では、よーし脱システムするぞ、とよほどの気合いでも入れないかぎり脱システムできないほど、社会のシステムが巨大化、複雑化しすぎており、われわれの思考や判断もシステムに馴致(じゅんち)されすぎてしまっている。

そのことを私はこれからなんとか説明したいと思っているのだが、その前にまず、冒険が構造的に脱システム的であることを簡単にモデル化するため、システムが簡素で素朴だった時代にさかのぼってみたいと思う。この際、中途半端にさかのぼると逆に分かりにくいので、時代をどんどんさかのぼり、さらにさかのぼってしまって神話の物語世界にまで行ってしまうことにしよう。神話の時代までさかのぼって冒険が脱システムであることを示せれば、人類の行動としての冒険が根本的に、原初的に、もう人間の歴史が始まった時点で脱システムだったことを示せるはずである。

比較神話学者ジョーゼフ・キャンベルによると、神話というのは人類共通の集合的無意識の構成要素である元型から発せられる物語であるという。元型というのはユング派心理学の仮説的概念で、人類が無意識の底に太古よりかかえてきたある種の普遍的イメージであり、世界中の神話や民話はこの元型がもとになってできた物語だとされる。簡単にいえば、人類はアフリカ人だろうと日本人だろうとアステカ人だろうと、心理の奥の奥の見えないところに、始原、光と闇の分離、グレートマザー、老賢者、英雄などといった人間と世界の関係を説明するのに重要な鍵となる概念についての共通したイメージを持っており、宇宙創成や天地開闢（かいびゃく）、人間の発生などについて語った神話はそこから発せられるということだ。地域や文化が異なっても世界中の神話や昔話に共通性が見られるのは、そのためだ。たとえばイロコイ族や日本人やアステカ人は、互いに交流することが考えられないほどかけ離れた地域に住んでいるため、神話はそれぞれ独自に天地開闢を語っているように思える。だがじつはその物語の大元は人類普遍のイメージたる元型にあるので、一見ちがうように見えても、よく読み込んでみれば構造やパターンは同じ、ということがありうるというわけである。

英雄の冒険も神話における重要なモチーフである。神話における英雄は時代の創始者、宗教の教祖、都市の建設者など何かを創造した人物であることが多く、よく知られているのがブッダやモーセやイエスといった歴史上の宗教創始者である。人類は近代に入って生活が俗化するまで宗教によって聖化され秩序づけられた宇宙の中で暮らしており、宗教創始者が宇宙の真実を発見するまでの過程を記した物語の中に、人々は生きることの象徴的なあり方を学んだ。集落のメンバーが厳かなときに、厳かな場に集まり、英雄が冒険して力を携え人間界に戻ってくる物語を、長老が厳かな声で朗唱するのに耳を傾け、人類は文化と歴史をつむいできたのである。

とはいえ、大昔のブッダのような人間の冒険と現代の冒険との間には構造的な共通性がある、などといわれても、ピンとこないかもしれない。その気持ちはよく分かる。ブッダやモーセと、ラインホルト・メスナーや植村直己が似たようなもんだといっているようなものだからだ。まあ、メスナーはやや神秘がかった人物のようだし、植村直己も純真な冒険家としてやや美化された存在になっているので、現代の冒険家の中では比較的ブッダ・モーセ系に近いといえるかもしれない。だが、それよりもっと低いクラスの、普段その辺でごろごろしている広い意味での冒険家というか、冒険家崩れみたいな連中になると、宗教的人間どころか、どちらかといえば女のヒモになって生活していたり、売春宿が大好きな低俗な人々も少なくないので、宗教的英雄たちと比せるような要素は微塵もない。

しかし、くりかえしになるが、神話は人間の集合的無意識にある元型がもとになって生まれた物語である。その神話が英雄の行動というかたちで冒険のあり方を象徴しているのなら、そこには必ず人類が冒険という行動に対してイメージする普遍的なあり方が記述されているはずである。そして、われわれ現代人の集合的無意識にも元型が保持されていることを考えると、神話の中で語られた冒険に対するその普遍的イメージは、人間そのものが変わらないかぎり永久にたもたれていることになる。要するに、実際の冒険者たちの生態がどうあろうと神話に冒険のことが書かれているのなら、その冒険の構造は今も変わらず適用されるはずだということである。

英雄の冒険を分析する

さて、この神話における英雄の冒険であるが、その構造は、じつはさきほどのジョーゼフ・キャンベルの『千の顔をもつ英雄』（倉田真木、斎藤静代、関根光宏訳）という本の中で詳細に分析されている。

キャンベルの理論はフロイトやユングら精神分析家たちの理論の影響を受けすぎていると批判されることもあったようだが、その理論は説得力があるだけでなく魅力的で面白いため、多くの作家やクリエイターに多大な影響をあたえてきた。この本に影響を受けた作家で有名なのは映画監督ジョージ・ルーカスで、『スター・ウォーズ』はキャンベルの英雄の冒険理論に思いっきりインスパイアーされてできた映画だとされている。

もちろんかくいう私も甚大な影響をこうむった一人で、学生時代に本多勝一のパイオニアワーク論を読んだときと同じ程度か、より深いレベルで真正面から被爆した。私がこの本を読んだのは二〇一五年春、グリーンランド最北の村シオラパルクで、翌年おこなう極夜の探検の準備活動をつづけているときだったが、まるで魔法を見せられたような気分だった。なにしろこの本には自分のかつての冒険や、これからおこなおうとしている極夜の探検が、私という人間の人生の中でどのような意味があり、どのような冒険的構造にしたがっているのか、すべて説明されているように思えたからだ。それだけではない。当時、私はこの探検計画と並行して沖縄の鮪漁師の漂流事件をテーマにした本の執筆も進めていたが、自分がなぜこの鮪漁師の行動や人生に惹かれたのかも、キャンベルの本によって解き明かされてしまったのである。その意味でこの『新・冒険論』という本を書こうと思いついた背景の一つに、キャンベルの『千の顔をもつ英雄』はかなり大きなものとしてあった。

話が逸れたが、キャンベルの『千の顔をもつ英雄』によると、神話における英雄の冒険譚は、召命→助力者の登場→境界越え→試練→勝利→帰還と、だいたいこのようなテーマに添って物語が展開する構造になっているという（ほかにもいくつか途中のテーマがあるが、本書と関係のないものはキャンベルの理論を損ねない範囲で省いた）。以下、この六つのテーマごとに順を追って神話の冒険を見てみよう。

①召命

旅立つ英雄に最初に起きるのが〈冒険への召命〉だ。神話における英雄の冒険は常に、現実世界の向こう側にある異界からやってくる使者に召喚されることによって幕をあける。使者は魅力的で抗いがたい雰囲気をまとった存在として現れる場合もあれば、蛙や蛇などのように人間が本能的に不快感をおぼえる生き物の姿をとることもある。一旦、使者によって召命を受けてしまうと、英雄にはそれまで生きてきた日常空間が無意味に感じられる。何の不満もなかった日々の暮らしが急に空疎に感じられ、使者によって知らされた新しい世界、日常の向こう側にある闇の領域が魅惑的に思えて仕方がなくなる。

②助力者の登場

こうして召命を受けた英雄はいよいよ冒険の旅に向かうが、多くの場合、そこに自然を超越した力を持つ守護者が現れ、その助けを受ける。キリスト教の聖人伝説では聖母マリアがその役目を果たし、ゲーテの『ファウスト』ではメフィストフェレスが案内人として登場する。こうした守護者により守られるかたちで英雄は最初の境界線を越える。

③境界越え

境界を越えるときは、そこを守る門番のような怪物が登場する。〈民間神話では、集落の人の行き交う場所からはずれた、あらゆる荒れ果てたところに、人々をあざむく危険な存在を住まわせている〉とキャンベルは『千の顔をもつ英雄』で指摘している。〈たとえばコイサン族は、低木林や砂丘で出くわすことがある人食い鬼についてこう説明している。その人食い鬼の目は足の甲にあるので、何が起きているか見るには手と膝をついて四つん這いになり、片足を持ち上げなければならない。こうすれば後ろが見えるのだが、そうでなければずっと空を見続けることになる。この怪物は人間を狩り、指のように長い残酷な歯で、人間をずたずたに嚙みちぎる。群れになって狩りをする〉。こういった不気味な化け物が境界にはうようよ巣食っている。

④試練

境界を越えた英雄はいよいよ試練の真っ只中に突入する。それは未知なる危険をかいくぐり、困難を乗り越え、真理を発見して力を蓄え自身を浄化していく過程である。つまり冒険の最大の山場だ。英雄はうち連なる山々や、洞窟といった自然の障壁を乗り越え、罠や障害、怪物、妖獣、魔法使い、山姥（やまんば）、人食い鬼、巨大毛虫、八岐大蛇（やまたのおろち）、ダース・ベイダー、美女の誘惑等々、人間が想像しうるありとあらゆる魔獣たちの襲来に立ち向かって、これを克服する。

⑤勝利

障害物や魔獣たちの襲来を乗り越えた英雄はついに勝利を手にする。この勝利は一つには英雄の魂と女神との神聖な結婚というかたちによって表現されることが多い。キャンベルによれば、〈「眠りの森の美女」は美女の中の美女の典型で、あらゆる欲望に応える存在であり、英雄のこの世やあの世での探索が目指す、至福を授ける目標〉だという。ハリウッド映画では悪の組織を倒した主人公が最後に必ずヒロインとむすばれるというふうにパターンが画一化しているが、これは女神との聖婚という典型的な勝利のかたちを踏襲したものだ（余談になるが、ハリウッド映画が同じパターンをくりかえすのは、キャンベルの理論がハリウッドの映画製作者たちにバカ受けしたからだという。『千の顔をもつ英雄』

に影響を受けたハリウッドのストーリー開発コンサルタントが、この本のエッセンスをわずか七ページにまとめ、映画製作者たちはそれを読むことで大衆の心に訴える物語づくりのコツをつかんだという裏話が本書の解説で紹介されている）。また、英雄の勝利は父との一体化というかたちで果たされることもあれば、東洋において顕著なように神格化というかたちで示されることもある。

⑥帰還

こうして境界を越えて試練に耐え、勝利を手にした英雄は元の世界に帰還することになる。旅は死なないかぎり必ず終わる。いつか家に帰る日がくるのである。しかし帰還の旅も決して簡単なものではない。〈元の世界に帰りたいという英雄の望みを神や悪魔が快く思わない〉ため、境界を越えるときにふたたび試練が訪れるのである。英雄は帰還するために〈超自然的な庇護者のあらゆる助けを得ることになる〉。あるいは神々の助けを得て強引に救出されることもある。しかしいずれにしても英雄は必ず帰還しなければならない。彼が冒険した境界の向こう側のもう一つの世界は、じつはこちら側の世界と二つで一つの、忘れられた次元にすぎない。〈その次元の探求が、望むと望まざるとにかかわらず、一般的な意味での英雄の偉業〉であり、英雄には冒険で得た力や叡智を元の世界に伝える使命があるのである。

ナンセンのフラム号漂流と英雄の冒険

キャンベルの本はさらに冒険から帰還した英雄のとるべき態度や、宇宙の創成と円環という深遠なテーマを神話がどう解き明かしているかといった点に踏み込んでいくが、本書の狙いは人間の冒険行動の構造を神話がどのように物語っているかを見たいだけなので、そこまでは触れない。

ひとまず神話が語る冒険構造について、もう一度簡単にまとめてみよう。キャンベルは英雄の冒険について次のように要約している。

> 神話の英雄は、日常生活を送る小屋や城から旅立ち、誘惑されたり、さらわれたり、あるいは自発的に進んだりして、冒険の境界へと向かう。そしてそこで、境界を守っている影の存在と出会う。英雄はその力を打ち負かすかなだめるかし、それから生きたまま闇の王国に入るか（兄弟の戦い、龍との戦い、供物、呪文）、敵に殺され死の世界へ

と降りていくか（四肢解体や磔刑）する。境界を越えると、英雄はなじみがないのに不思議と親しみを覚える力の支配する世界を旅することになる。力の中には、厳しく彼を脅かす力もあれば（試練）、魔力で助けてくれる力もある（助力者）。神話的な円環の底にたどり着いた英雄は、究極の試練を経験し、見返りを手に入れる。その勝利は、英雄と世界の母なる女神との性的結合（聖婚）や、父なる創造主からの承認（父との和解）、あるいは英雄自身が聖なる存在になる（神格化）という形で描かれる。その力が依然として英雄に好意的でない場合、褒美を盗み出すことによって手に入れる（花嫁の略奪、火の盗取）こともある。本質的に、それは意識の、と同時に、存在の拡張である（啓示、変容、自由）。最後は帰還に取り組むことになる。力に祝福されているなら、英雄はそれに守られて帰途につく（使者）。そうでない場合、英雄は逃げ、追跡を受ける（変身による逃走、障害物による逃走）。帰還途上の境界で、超自然的な力は英雄の背後にとどまるしかない。英雄は、恐怖の王国から再び姿を現す（帰還、復活）。英雄が持ち帰る恩恵は世界を復活させる（霊薬）。（『千の顔をもつ英雄』下）

このように神話における英雄の冒険は、境界を越えて日常の外に飛び出し、試練を乗り越えることで新しい力と知恵を手に入れ、そして帰還する物語のことだ。すでに触れたとおり、神話というのは人間の無意識にある元型のイメージから発生する物語であるから、この英雄の冒険の構造は、時代を超えて全人類に普遍的にあてはまる。つまり今も昔も世界中どこででも、理屈を超えて人間が納得できるかたちとして、冒険とはこのような行動のことを指すのである。

この構造の中で私が最も注目したいのは境界を越えるという部分である。境界線とはこちら側とあちら側の世界を分ける境目のことだ。すなわち、こちら側というのは小屋や城といった英雄がこれまで慣れ親しんだ日常の世界、要するにシステムの内側で守られた領域のことである。しかし使者により召命されることで英雄はこのシステムに守られた安心・安全・快適・便利な領域を離れて旅立つことを決意する。冒険に旅立ち、システムの境界線を越えると、その外側はシステム内部の常識では予測のつかなかった混沌や闇に支配された領域に変わる。未来の予測がつかないということは、どのようなリスクが潜在しているか予想すらできないということであり、その時点で命が脅かされる死の領域に入ったといえる。つまりシステムの外側に飛び出した時点で、英雄は本多勝一が冒険の条件としてあげた①危険性②主体性という二条件を満たしていることになる。予測がつかない、マニュアルが成立しない、行き当たりばったりにならざるをえない異境に飛び出すという、この契機こそ、冒険が冒険として成立するための最大の核心である。

キャンベルの言葉を借りると、〈境界を越えるとは、宇宙の源の聖域に入る第一歩のこと〉である。この、境界を越えるという〈脱システム的〉瞬間は、神話時代の人間にとっても象徴的瞬間だったといえ、その証拠に境界では必ずそこを守る門番が現れる。前述のとおり門番は人食い鬼や化け物といった姿をとるが、これらはシステムの外側にあるあっち側の世界の混沌や、闇の深さを表象したメタファーである。システム内部のこっち側から見たあっち側の世界はわけの分からない、人智のおよばない領域なので、そのわけの分からなさが人食い鬼や化け物として表現されているのだ。また、英雄を冒険に誘う召命の使者が蛙や蛇など薄気味の悪い生き物であることが多いのも同じ理由である。使者はこれから英雄が旅をする、システムの外側にある混沌とした闇の領域からやってくる存在であるわけだから、必然的にその闇や混沌の特性が象徴されていなければならない。そのため〈冒険を告知する使者は、暗く不気味で恐れられ、世間から邪悪とみなされることが多い〉。こうした人食い鬼や蛇によって表象された先の読めない世界に飛び出すことこそ、神話的な意味での冒険の条件であり、人類が有史以来、冒険という言葉によって喚起されるイメージである。

さて、この神話の構造が現代の冒険にどのようにあてはまるか考えるため、第一章で史上最高の冒険の例としてあげたナンセンのフラム号北極海漂流探検を題材に見てみよう。

ナンセンがフラム号で北極海を漂流しようと考えついたのは、シベリアで遭難した米国の船ジャネット号の漂流物がグリーンランドの南西岸に漂着したという記事を新聞で目にしたからだ。したがって彼にとってこの新聞記事こそ冒険の召命者だったことになる。神話では蛇や蛙が召命者として登場するが、これはあくまでメタファーであり、現実には新聞記事などというつまらないものであることが多い。

記事をきっかけに冒険を決意し、フラム号で出港したナンセンはシベリア北岸を東に航行する途中、北極海の氷で前進不可能となり、予定どおり漂流が始まる。事前に多くの極地の権威から、氷海での漂流など愚の骨頂、絶対に船が壊れる等々、いろいろ批判されていたことを考えると、ナンセンにとっては漂流開始時点が、こちら側とあちら側を分ける境界だったと見なしていいだろう。科学的知識、産業技術、社会常識から成る当時のシステムの見解としては、船が北極の氷にとりかこまれたらぶっ壊れるというのが論理的な予測だったわけで、漂流が始まった時点で、ナンセンは、彼が属していた西洋文明の知的限界を越えたのだ。

　船による北極海漂流は文字どおり何が起きるか分からない死の領域だった。巨大な多年氷が船に圧力をかけてきてぎしぎし軋み、隊員たちは崩壊する恐怖に慄く。その様子はまさに人食い鬼や巨龍の容赦ない攻撃を彷彿とさせるものがある。そして冬になると長い長い、太陽が昇らない暗黒の極夜が訪れるが、古代シュメール神話におけるイナンナの冥界下りや日本のイザナギ・イザナミの話でも知られるとおり、闇に閉ざされた世界こそまさに神話的な意味での非日常領域の典型だった。非日常の試練に耐えて船で二度越冬したナンセンは、ヨハンセンと犬という助力者の助けを借りて北極点めざして北上を開始し、北緯八十六度十四分という当時の人類最北到達点記録を樹立し、めでたく勝利を手に入れ、北極という名の女神と聖婚をはたす。

　北進を終えたナンセンは帰還を決意するが、しかし神話が説くように、境界の外側の混沌とした領域から日常的な領域にもどるのは生易しいものではなかった。氷が解けた海にカヤックを浮かべて陸地をめざした彼の前には海象が襲来し、また現在位置も分からなくなって旅は混沌としてゆく（私もカヤックで海象に襲われたことがあるので分かるが、何の予兆も無く海から飛び出してきてカヤックをひっくり返そうとするこの海獣は、妖怪海坊主の原型を思わせ、まさに神話が記す境界の門番である化け物のような薄気味の悪さに満ちている)。なんとかフランツヨゼフ諸島に上陸したものの人間界への帰還は絶望的。白熊を撃ちまくり、肉を貯蔵して越冬した末に、奇跡的に英国のジャクソン探検隊に救出されることで、ついに元の世界への生還をはたした。

ツアンポー峡谷単独探検の神話構造

このように見ると、ナンセンの冒険はホメロスの叙事詩かと見まがうほど神話的だ。ただ、実際にナンセンの冒険は人類史に燦然と輝く偉業であるわけで、正真正銘の英雄の所業である。はっきりいってその行動の凄まじさだけを見ると、ブッダやモーセといった英雄のかなり上を行っている。その意味では彼の旅に神話の構造があてはまるのは当たり前ともいえるわけで、このような人類史上最強ともいえる突出した行為を例に神話的構造が現実の冒険行為にあてはまることを示したところで、あまりにすごいというか、神話よりすごくて、全然普遍的ではないため逆に説得力に欠ける気がする。

そこでかなりレベルを落として、より大衆的な、もしかしたら俺でもできるんじゃないかと普通の人が感じられる範囲にある冒険として、私のツアンポー峡谷単独探検を例に検証してみよう。

ツアンポー峡谷というのはチベットにある世界最大の峡谷との曰くつきの大峡谷地帯で、ヒマラヤ冒険マニアの間では〈謎の峡谷〉〈ツアンポー川大屈曲部〉として古くから知られてきた、わりとメジャーな秘境である。詳しくは私の『空白の五マイル』という本を読んでもらいたいが、私はこのツアンポー峡谷の無人核心部を二〇〇二年〜〇三年冬、二〇〇九年〜一〇年冬の二度、単独で探検している（P.45写真参照）。

この冒険に私を使者として召命したのは一冊の本だった。あれは忘れもしない大学四年生の春のこと、私は自転車で池袋のジュンク堂本店に行き、そこでツアンポー探検史を詳しく描いた金子民雄の『東ヒマラヤ探検史』という著書と出合った。この本は文字どおり私の人生を一変させた。内容はツアンポー峡谷がいかに〈幻の峡谷〉として命知らずの冒険家たちの心を奪ってきたかを描いたマニアックな本なのだが、私もまたこの秘境の魅力の虜になってしまい、約十二年間、そこから抜け出すことができなくなってしまったのだ。

いろいろあってその数年後、ツアンポーの未知の空白部を探検するため、私は一人、現地に向かった。本来なら中国当局の許可が必要なエリアだが、徒手空拳の私にはそんなものはない。白タクの運転手を言いくるめて途中に数カ所ある当局の検問を突破し、地元の役人に賄賂を渡して峡谷内部をめざして山道を奥に向かう。守護者として私を助けてくれたのは、峡谷奥地の村に住むモンパ族という少数民族の猟師だった。もちろん彼は、神話の召命者のように池の中から現れるなどしたわけではなく、私は彼にカネを払って案内を依頼したわけで、単に資本主義体制下（中国は表向き共産主義だが、細かい点は省く）における雇用人－被雇用人の関係にすぎなかったし、しかも彼は酔っ払っては奥さんをぶん殴るひどい酒乱の男でもあったのだが、それでも私の旅をいろいろと手伝ってくれた。私は彼の家をベースに、峡谷の未知の空白部をめざしてくりかえし探検をつづけ、山中で全身ダニだらけとなり、金玉も一センチ程のマダニに吸いつかれ、滑落や落石で命を失いそうになりながらも、執拗に奥へ奥へと向かった。そして最後にチベット仏教の理想郷伝説の元ではないかと思われる未知なる洞穴を発見する。

探検が終了して帰国したが、しかしこの一回目の探検の結果に満足できなかった私は二度目の単独行を模索しつづける。神話的な意味での帰還は、この二回目の旅における峡谷からの脱出がそれにあたるとみなしたほうがいいだろう。二度目の単独行にあたって私は新聞記者の職を辞し、またしても白タクを雇って検問を次々と突破した。めざすは前回果たせなかったツアンポー峡谷の核心無人地区全域踏破である。最奥の村から私は一人になり、龍のようにうねる巨大な尾根や谷をいくつも乗り越え、またしても境界を越えて混沌の領域に入り込み、ついに峡谷の最奥に到達する。しかし、そこで折悪しくその地域に強い寒気が入り込み、連日大雪に見舞われ、村への脱出を決断しなければならない事態に追い込まれた。激しいラッセル（雪をかき分けて進むこと）で雪山を越え、氷の谷底でぶるぶると震えながらビバークし、食料が尽きて、寒さと飢えで身体は一気に消耗する中、私は村をめざした。しかし地図に描かれているその村にたどり着いてみると、村は廃村となり人間の姿は見えない。神話の語るとおり人間界への脱出は命懸けとなったのである。

これらの例からも、現代における冒険行為にも神話で示された構造が見事に適用しうることが分かると思う。

何度もいったように、神話というのは人類の集合的無意識にある元型から発する物語であり、意識の深層から発せられてくる声をもとにつむがれた物語だ。したがって、そこには人間が欲する物語構造のエッセンスがつめ込まれている。『千の顔をもつ英雄』がハリウッド映画の製作者の間に広まったのも偶然ではなく、人間の無意識の中でイメージしている物語構造を映像化しているのだから、それをもとに映画をつくればヒットするのは当たり前だともいえる。

同様に冒険も、冒険者を主人公とした物語である以上、今も昔もこの神話の構造の適用を必ず受ける。逆の見方をすれば、この英雄神話が示す構造があてはまらないような行為は、人間が古来、集合的無意識の中で受け継いできた冒険という行動のイメージからズレており、人々はそれを冒険的ではないと感じるのである。マニュアル化、大衆化したエベレスト登山が、ある程度危険ではあっても冒険的ではないと感じられるのは、境界を越える=脱システムする要素に欠けており、神話の冒険構造からズレているからだろう。

ジョーゼフ・キャンベルは次のような言葉で冒険を定義している。


冒険とは、いつでもどこでも、既知の世界にかかるヴェールの向こうにある未知の世界に行くことだ。

(『千の顔をもつ英雄』上)


これを読んでも分かるように、冒険とは常に脱システム的行動のことをいうのである。

第3章

脱システムの難しさ

北極探検で荷物を載せる橇は自分で作る。
組み立てる際、釘で固定するよりも細いロープで縛った方が
衝撃を逃がすので壊れにくい。イヌイットの知恵である。
2016年、シオラパルクにて著者撮影。

システムとしてのコスモス

冒険の構造はすでに神話において解き明かされており、人類は物語を語り始めたそのときから冒険という言葉によって喚起される決定的なイメージを、境界を越えて未知なる世界に飛び出す行為としてとらえてきた。前章ではそのことをジョーゼフ・キャンベル『千の顔をもつ英雄』をテキストにして俯瞰した。

ただ、冒険が脱システムであることを示しても、それはまだ本書の議論の前提を整えたにすぎない。今の世の中で冒険を実践するのが難しいのは、じつは冒険が脱システムだからこそであり、私がこの本で狙っているのは、脱システムゆえの限界を明らかにすることだ。

さらにいえば冒険の本質が脱システムであることを示すことで、現代の冒険が陥っているジレンマを明らかにして、これからの冒険の可能性を示すこともできるだろう。先走って書いてしまえば、現代の冒険が陥っているジレンマとは、到達する場所が無くなってしまったジレンマのことである。現代においては未踏峰や地理的な空白部といった従来の冒険の対象はほぼ完全に消失してしまっているが、それにもかかわらず冒険というのは人間にもともと備わっている行動様式なので、無くなることはない。つまり対象が存在しないのに冒険を志向する人間が相変わらず存在しているところに、現代の冒険が袋小路にはまり込んでいる原因がある。しかしこれも、冒険の本質が脱システムで、そしてそのシステムとは何かを明らかにし、なにも地理的な到達にこだわる必要がないことを示せれば、解消される可能性が出てくる。

そのためにはまず冒険が前提としているシステムとは何かを明らかにしなければならない。これはつまり本多勝一がパイオニアワーク論において明らかにできなかった〈常識〉の概念を明示する作業である。本多の議論は〈常識〉を解明して基礎づけることをしなかったので停滞したが、私はそれを教訓に、まず脱システムの前提となるシステムの歴史的動態をイメージ的につかみとり、それが現代においてどのように人間の行動に作用しているかを示すことで、現代において冒険＝脱システムが困難になった理由を探っていきたいと思う。

さて、システムとは何なのか。私なりに一言でいえば、それは人間の行動を管理し、制御する無形の体系のことだ。このシステムはいくつもの構成要素が複雑に絡みあい、渾然一体となって構成されている。

当然のことながら、システムは現代より太古の昔のほうが単純で素朴だった。たとえば宗教学者ミルチャ・エリアーデは『聖と俗』（風間敏夫訳）の中で、近代化して俗化する以前の宗教的な暮らしをしていた人間の世界モデルを提示しているが、それは私がイメージするシステムをかなり単純化して描写してくれているように思える。

エリアーデの考えによると、近代以前の宗教的な人間にとって、世界とはまず聖なるものが顕現（けんげん）する地点が中心にあり、そこからできあがっていったという。ニュートン的な世界観を無条件に受け入れている現代人にとってこの空間イメージはなかなか理解しがたいものがあるが、そもそも宗教的人間にとって空間とは無機質で均質なものではなかったという。彼らにとって空間とは、妙な力を帯びたところもあれば、その一方で穴ぼこになって闇の底に落ち込んでいるようなところもある、全体的な一貫性を欠いた多様でダイナミックなイメージでとらえられるものだった。そうした空間の中でも聖なるものが顕現した空間だけが突出した力を持っており、それゆえそこは聖地という〈固定点〉となり、周辺の空間に対して方向づけする作用を持っていた。社会の構成員は全員宗教的な精神性を持つ人たちだったので、聖地の近くで聖なるものに抱かれて暮らしたいと願う。人々は聖地のまわりに集まり、教会や寺院が建てられ、彼らの聖なる空間は聖なる力によって浄められていく。こうして人間の住む集落や都市は聖地を中心に形成され、その領域は秩序あるコスモス（宇宙）となっていった。

エリアーデはこのコスモスの性格を次のように書く。

およそ人の住む領域は、それがあらかじめ浄められているからこそ、つまりそれが神々の所業であり、神々の世界と交流しているからこそ、一つの〈コスモス〉であることをわれわれは見るであろう。（中略）聖なるものは絶対的実在を開示し、それによって方向づけを可能にする、すなわちそれはもろもろの境界を定めて世界の秩序を立てることにより、世界を創建するのである。

（『聖と俗』）

このエリアーデが示すコスモスの概念は、私がイメージするシステムの概念ほぼそのまんまだといっていい。ある一つの無形の体系――昔の宗教的な人間にとっては聖なる力――が人々の行動様式、習俗、社会文化、生活規範などを一定のベクトルに向けて統合していく。方向づけと統合がなされることにより、社会には秩序が生まれ、人々は不安を感じず、つつがなく暮らせる。

伝統社会においてこの宗教的コスモスは部族や集落といった小さな単位で統合されてい

た。そのため、この小さな単位で統合されたコスモス＝システムの外側は聖なる力のおよばない予測不能な混沌とした領域だった。

伝統社会の一つの特徴は、彼らの住む領域とそれを取り巻く未知不定の空間との、彼らには自明な相反である。彼らの領域は〈世界〉（精確に言えば〈われらの世界〉）であり、コスモス（宇宙）である。それ以外はもはやコスモスではなく、一種の〈別の世界〉であり、幽霊や魔神や〈よそ者〉（それは魔神や死者の霊と同じものと考えられる）の棲む、見知らぬ混沌の空間である。　（前掲書）

未知の、異質の、未占領（しばしば〈わが一族〉がまだ占拠していない意味）の領域は、なお〈カオス（混沌）〉の漂えるあやかしの状態を成している。人間がそれを占領することにより、とりわけそこに定住することにより、人間はそれを象徴的に――祭式による宇宙創造の再現を通して――コスモス（宇宙）に変える。　（前掲書）

こうした記述を読むと、エリアーデのコスモスの概念と、ジョーゼフ・キャンベルの境界の概念は容易に結びつく。キャンベルが〈小屋〉や〈城〉という言葉に象徴させた日常領域こそ、エリアーデのいうコスモスのことであり、エリアーデのいうコスモスから外に出ることが、キャンベルのいう境界を越えるということだ。コスモスの外側は人食い鬼や化け物や魔神、よそ者が住む混沌とした闇の領域であり、その闇の領域に向かうのが脱システムという冒険だったのである。伝統社会では村落や部族という小さな単位でコスモスが統合されていたので、そこから外に出た時点でそれはもう冒険だった。私が前章で、システムが素朴だった時代に旅をしようと思えば、それはすなわちそれが脱システム＝冒険だったと書いたのは、そういう意味である。

現代のシステム

エリアーデによると、この聖なるコスモスの世界は社会が近代化して人類が完全に俗化した時点で消え去ったという。だが、現代の複雑化した社会においても、人類は同じように、目に見えない無形の体系によって思考や行動を制御されて生きている。科学技術や消費社会の進展により聖なる力によるコスモスは消失したが、それにかわって現代をおおうのは、より複雑巨大でつかみどころのない、システムという無形の体系である。

ただ、同じような無形の体系とはいえ、現代のシステムは昔のコスモスと異なり、聖なる力で突出した地点が固定点となるシンプルで素朴なモデルではなく、無数の要素が網の目のようにからみあった複雑な様態を呈している。

現代のシステムを構成するのはコスモスのような単一の聖なる力ではなく、より重層的かつ根茎（こんけい）状に絡みあったさまざまな個別的要素だ。その要素というのは宗教であったり法律であったり習俗であったり科学的知見であったりする。また政治体制、経済システム、交通網、思想などもシステムを構成する重要な要素だろうし、とりわけ近年で大きな影響力をふるっているのが情報通信技術の発達だろう。さらにそうした目に見える構成要素とは対極にある目に見えない民族的気質みたいなものも、システムの構成要素として起動するだろう。

たとえば現代の近代的国民国家の多くは国家という単位のもとで国民と呼ばれる人々が生きており、同一の仕組みの政治、行政、司法、経済、法体系のもとで生活している。かつての共産主義国家に暮らす人々が政治的自由を著しく制限されていたように、こうした国家の仕組みはシステムの一部となって起動し、そこで暮らす国民の行動に一定の制約を設けて方向づけしようとする。われわれは近代国民国家的な規範や良識（要するに民主主義や人権意識といったもの）から逸脱した思考や行動をとりにくい。ヘイトスピーチなんかをやろうと思っても、普通の感覚の持ち主なら良識やルールに違反することなので自分の内部でブレーキがかかる。一方で、国民の中には歴史や文化、それらに影響をあたえる地勢、風土、あるいは文字、宗教、習俗、習慣などを共有した民族という単位でくくられる人間集団も存在している。たとえば日本人の性格には世間や空気を読んでやたらと気遣いするという独特の気質があると思うが、こうした気質もまた行動を方向づけする力として働き、システムの一部となって駆動するだろう。

こうしてみると人間の社会は、無限ともいえるさまざまな要素が幾層にも分かれて複雑に錯綜し、絡みあい、渾然一体となり、さらに大きな目に見えない総体としてのシステムとなって生き物のように蠢いていることが分かる。システムはわれわれの行動や思考を制御し、方向づける無形の体系であるが、それはわれわれ人間の側から見るとシステムによって考え方が方向づけられ、それにそって行動するよう仕向けられているということでもある。

気づかぬうちにシステムに方向づけられるとは、どういうことか。たとえば身近にあるモノで考えてみると、携帯電話の普及時なんかがその格好のモデルケースだろう。

携帯電話なるものが誕生する。すると便利なのでそれを使う人が出てくる。使う人が増えると、それにともなって人々の行動様式も変化する。携帯が登場する前、われわれは待ち合わせの約束をするとき何月何日何時に池袋駅西口交番前で、などと事細かに事前にすり合わせしていたが、携帯が登場してからは、金曜午後六時に池袋で、後は適当に電話で、といったようにすり合わせはいい加減になった。約束に間に合わなくても携帯で連絡すればいいので遅刻も全然平気である。こうなると携帯がなければ周囲の行動様式の変化についていけないので、携帯を持つことに抵抗を感じていた人もやむなく持つようになり、いっそう広まる。やがて、よほど気合いを入れないかぎり携帯無しでの社会生活は困難になっていき、さらに普及し、携帯があることが前提で社会全体が成り立っていく。このように携帯電話は単なる通信機器という役割を超えて、思考、行動を方向づけするシステムとして機能するようになっていく。携帯電話が登場しただけではシステムは変わらない。携帯というモノが登場し、その機能性にあわせて人間の行動や習慣や思考回路が同調し、それにともなって社会全体の機構自体も変わっていくことで、はじめてそれはシステムとなる。システムとは多様な要素が分割不可能な状態で絡みあったアメーバ状の現象態なのである。

このように総体としてのシステムは個別の人間の行動に影響をあたえ、特定の行動様式をとらせるように誘導し、管理しようとする。人間はそれぞれ勝手に、電子のようにランダムに飛びまわって生きているわけではなく、システムのもとでまとまって集合的に秩序づけられている。それが、私がシステムと呼ぶもののイメージ的な概念だ。

現代はなぜ冒険が難しくなったのか

こうしたシステムの内部でわれわれ人類は生きている（というか生きとし生けるもの、森羅万象、すべてがそれぞれのシステム内部で生存、存在している）わけだが、このシステムは鵺（ぬえ）のようにとらえどころ無く、うねうねと移ろいゆく性質を持っているため、時代が進むにつれて巨大化し、さらにいろいろな要素が重層的に錯綜して複雑化する傾向がある。

大昔、聖なる力でまとまった小さくて素朴な宗教的コスモスがいたるところに散らばっていた時代なら、コスモスを出ればそこはもう冒険の対象となるような混沌とした領域でありえた。しかし小コスモスはやがて統合され都市や国家が発生し、近代国家から工業社会を経て、現代ではグローバルにつながった高度情報化消費社会の成立を見るにいたっている。その間、人口が爆発的に増えたことで、コスモスの外側にあった人食い鬼や魔神が住む混沌とした未知の自然も開発され、郊外には工場やマンションが立ち並び、未知で混沌としていた領域は次々とシステム内部の整然とした世界に組み込まれていった。さらに科学知識の隆盛によりわれわれの世界を見る目も確実に変化し、科学的に正確な記述で世界が説明されるようになり、昔とちがって空間も均質になった。システムはどんどん巨大になり、性質を変化させながら領域をじわじわ広げ、気づくと世界中が似たようなシステムにおおいつくされている。宗教的コスモスの時代とはちがって、都市を離れても、別にそこに混沌があるわけでなく、むしろイオンがあったりコストコがあったりと世界中どこでも予測可能な整然とした光景が広がっている。どこに行ってもそこはシステム内部であり、どうやったらシステムの外側に出られるのか、というかそれ以前に、システムの外側がどこにあるのかすら分からないような同質的な世界が成立しつつある。

冒険とは脱システムなわけだから、システムが変化すると当然、冒険のあり方も変化せざるをえない。システムが巨大化、複雑化すれば、われわれもその大きな囲いの中に閉じ込められてしまい、その外に出ることは難しくなる。

現代は冒険の難しい時代だとされる。従来の一般的な見方であれば、冒険が難しくなったのは、単にその対象となる処女峰や地理的な空白部が少なくなったためだと説明されてきた。人間には脱システムして冒険したがる傾向があり、原始の時代からシステムの外に出てひたすら探検、冒険をくりかえしてきた。その結果、二十世紀初頭には北極点、南極点の両極が征服され、一九五三年にはエベレストまで登頂されるにいたった。しかし人類の飽くなき冒険欲はそこでとどまらない。その後も人類はエベレスト以下の山頂を次々に落とし、あらゆる地理的空白部に足跡を記し、記録がないと聞けば、それこそ川の支流のさらに源流の、ジャングルの奥地の、そこに行って何か意味があるんですか、と訊きたくなるような先端や皺の中まで足を延ばしてきた。その結果、今ではついに行く場所が無くなってしまったというわけだ。

しかし私は、ことはそんな単純な話ではないと思う。現代において冒険が難しくなったのは、人間があらゆる隙間に足跡を残したからということもあるが、それだけではなく画一的なシステムが地球上の空間領域をフラットにおおいつくしてしまったからという理由も同じくらい大きいのではないだろうか。

たとえば人跡未踏の空白部があるとする。そこは人間が住む集落から何百キロも離れており、純粋に自然環境だけを見れば真の荒野だといえる。三十年前ならそこを旅することは人間界から離れた脱システム的な冒険だっただろう。ところが現代では単にそのようなウィルダネス（原生的な自然環境）に行くだけでは、真に脱システム的な行動だといいきれなくなっている。なぜならGPSや衛星電話という通信技術の発達で容易に外部とつながれるので、何か不都合なことがあれば簡単にその自然環境から離脱できてしまえるからだ。どこでもドアみたいなものである。つまり表面的な自然環境は原始のままなのだが、実質的には通信テクノロジーが可能にしたシステムの網がはりめぐらされており、本来、脱システム的領域が持っていた混沌や未知といった要素がほとんど除去されてしまっているのだ。

情報通信テクノロジーの発達

私が見たところだと、冒険の現場では次の三つの過程を経てシステムが巨大化、強固化しているように思える。

①情報通信テクノロジーの発達
②ジャンル化

③人間の物の見方の変化

これからこの三点を個別に見てみよう。まずは情報通信テクノロジーの発達だ。

これはGPSや衛星電話といった具体的なモノがあるので、この三点の中では一番理解しやすい事例だと思う。さきほど述べた、自然環境が原始状態でも現代では事実上システムにとり込まれているという話の、その最大の原因として機能するのが、この情報通信技術の発達だ。

私は何度か、システムというのは人間の思考や行動を方向づける無形の体系だと書いてきた。伝統社会におけるコスモスがその典型だった。この方向づけるという作用は、思考や行動をある一定方向に統制するということだから、簡単にいえば管理するということである。主語をシステムから人間に変換すれば、人間はシステムによって思考や行動を管理されている。管理されているからこそ、システム内部には混沌が無く、整然と秩序だっている。

そして、これは冒険の現場にいれば実感できることだと思うが、この管理という概念は〈行動に関する判断を自分以外の何かに譲りわたした状態〉というふうに定義することができる。この管理の概念を用いれば、現代におけるGPSや衛星電話のシステム的な性格はきわめてクリアなものとなる。

GPSなどの情報通信テクノロジーがなぜ人間の行動を管理することになるのか。それはスマホやカーナビのことを考えれば容易に理解できるだろう。

われわれは現在、街を歩いている最中にスマホを見て地図情報に示された現在位置をもとに待ち合わせ場所に向かったり、カーナビの指示にしたがって車を運転したりするということを当たり前のようにおこなっている。だが、これは管理以外の何物でもない。なぜならスマホやカーナビを使うことで、自分自身で道順を一切判断しなくて済んでいるからである。

GPSが登場するまで、われわれは地図を見て次の交差点を右にまがって、その先のドトールをとおりすぎて……などと周囲の空間状況を常に把握しながら、次の行動を予測し、判断して目的地をめざしていた。車もそうやって運転していた。道に迷ったら一度停車して、昭文社の道路地図を見たものだ。同乗者がいる場合は、助手席に座ってナビをした。冒険とか探検とかそういう大げさな話以前に日常的にそうだったわけである。ところがGPSが登場した途端、こうした外界を認識する主体的なプロセスのすべてが省略され、ただ機械が命じるままに、何も把握せず、何も認識せず、何も判断せず、夢遊病者のように歩行したり運転したりすることが普通になった。判断を放棄するということは、当然、別の誰かに判断してもらっているわけで、この場合はその役目をＧＰＳがはたしている。つまり現代人の移動行為はほぼ完全にＧＰＳを中心とした情報通信システムの管理下におかれている。

同じことが登山や冒険の現場でも当たり前になりつつある。ＧＰＳの登場によって地理的な空間は全地球規模でデジタルに座標軸化されたわけだから、情報通信テクノロジーの影響は日常生活より、むしろ現在位置の把握がより切実に求められる登山や冒険の現場のほうが大きいといえるかもしれない。

先ほどのウィルダネス云々の話を、もう少し具体的に北極圏を舞台に考えてみよう。

グリーンランドやカナダの北極圏は半径数百キロの円内に人口数十人から数百人程度の小さな集落が一つか二つあるだけで、あとはまったく無人の荒野が広がっている。そのさらに奥にある北極海や南極大陸ともなると、完全に広大無辺の無人エリアが広がるだけだ。しかしそうした無人地域でもＧＰＳは機能する。というより、極地は地形的に平坦で、山岳地帯のように尾根や谷が複雑に入り乱れているわけではないので、地図を見て地形で位置を判断するのが難しい。移動の際のナビゲーションは航海と同じように緯度と経度を計測して決めることになるので、ＧＰＳによる座標軸データは登山などよりもはるかにてきめんに威力を発揮することになる。

それゆえか、現在では犬橇や人力橇（P.77写真参照）で旅する極地旅行者はほぼ全員、ＧＰＳを使っている。使っていないのは世界で私ぐらいのものだろう。確認したわけではないが、たぶんまちがいない。外部からやってくる冒険家だけでなく、地元に住むイヌイットも多くがＧＰＳと衛星電話を持つようになっている。以前、カナダのケンブリッジベイの海氷を橇を引いて歩いていたとき、狩りのためにスノーモービルで海豹の呼吸穴を見てまわっている村人と出会った。彼のＧＰＳを見せてもらうと海豹の呼吸穴の位置がすべて地図上に記録されており仰天したものだ。イヌイットの世界でも伝統的な知恵やナビゲーション技術は廃れつつある。

だが、先ほど指摘したとおりＧＰＳを使用した時点で、行動の基盤となるナビゲーションの判断をテクノロジーにゆだねているわけだから、システムの管理下に入ったも同然といえる。

どのような状況でそのシステムの管理ぶりがあらわになるかといえば、一番典型的なのは遭難の現場だろう。通常、現代の極地探検家はＧＰＳのほかにも衛星通信機器も持ち歩いている。行動者が怪我をして動けなくなったときにＧＰＳに正確な位置情報を教えてもらって、救助機関にその座標軸を伝える。現在では地球上の交通システムはＧＰＳ情報をもとに運用されているので、双方が同じ情報を共有すれば迅速な救助作業がおこなえる。また、遭難まで行かなくても、何らかの理由で行動不能になり航空機にピックアップしてもらうなどということも極地探検の世界ではわりと普通におこなわれる。橇が壊れたとか、雪が無くなって橇が引けなくなったとか、行動の途中で海氷の状況が思わしくなくなったとか、その程度の、お前もう少しなんとかして自力でもどって来いよ、と突っ込みたくなるような理由で、双発機を衛星電話で呼んで一番近い集落につれもどしてもらうのである。

ＧＰＳ以外にも、たとえば天気予報の充実なんかもシステムによる管理の好例だろう。今の世の中、山に行くときに天気予報を確認しない者はいないし、山の中でもスマホやラジオで天気をいちいちチェックする。しかも天気予報の精度は近年ぐんぐん向上しており、一週間ぐらい先ならかなり信頼できるものになっている。そのため長期の山行だと山の中で予報を聞いて先の行動を決めることなど普通だし、天気が不快そうなら平気で下山もする。すでに触れたが、とくに顕著なのがエベレストで、ツアー会社は専門の予報会社と契約するなどして登頂に最適な日を割り出し、それをもとにアタック計画をたてるので、結果的にみんな同じ日に登頂することになり、ぞろぞろと列をなして山頂に向かうという状態になっている。要するに天気に関しては、現場で観天望気で判断するなどといった経験知で勝負する人間は誰もいなくて、みんなシステム任せになっている。

昔のシステムが素朴だった時代の脱システムはシンプルだった。自分の足で人間界を離れ、できるだけ遠くの場所まで行き、そして自分の判断と力で人間界に帰還する。まだ自分の力でもどれるのか。それを見極めることが行動をつづけるための重要な基準だった。ビビッて、もうこれ以上先はヤバくて行けないと思ったら、そこから自力で引き返してこなくてはならず、それが人間が脱システムするときの決まりごとだった。その〈行くべきか、もどるべきか〉という逡巡の中に、非力な一人の人間がシステムの外側に出るときの本質的な何かがあったはずだが、しかし、そういうものに価値をおぼえる感覚はもう便利さの前に押し流されている。

ジャンル化

ジャンル化は脱システムと同じぐらい私が重視している概念で、これも冒険の周辺でシステム化を進展させている大きな原動力になっている。

　これがどういう概念かといえば、たとえば登山というジャンルがある。近代アルピニズム以前の登山は、現在の登山のように厳しい嵐の中で険しい岩壁を登り、艱難辛苦を乗り越え、頂上に到達し栄光を手にする、といった固定観念にとらわれていたわけではなく、もっと茫漠とした曖昧かつ適当な行為だった（のだと思う）。山に登る人は、あくまで個人的な感覚から、なんとなくいいなと思って登っているだけで、やり方が分からないからいい加減に登って時々死んだりしていた。一方、普通の人は山になど登ろうとも思わないが、この世には山に登るという変人が存在するらしいということは、噂で少し聞いたことはあった。つまり、その程度の曖昧極まりない行為だった。そこに近代アルピニズムという欧米で生まれた新しい潮流がながれ込んでくる。するとそれに追随して本格的に登ろうという連中が出てきて山岳会なるものが結成される。感化される人間が増え、登山人口はじわじわ増えていき、装備も開発され、専門店もできて、登山という行為の周辺に産業が発生する。そうなるとさらに勢いがつき、人口がいっそう増えて専門誌なども創刊され、登山道が整備されたり山小屋ができたりする。ついに登山は社会的にも認知されて、山に登らない一般人の間でも登山者という人種がこの世に存在することが広く知られ、新聞でも報道されるようになる。こうして登山をする人たちの世界には登山界という堂々たる冠称があたえられ、日本山岳協会みたいな大組織もできてジャンルとして固定していくのである。ひとたびジャンル化されたら、それは一つのコスモスになるわけだから、登山界というコミュニティー内で独自のやり方、倫理、規範、文化などが醸成されていき、そこから外れることは倫理違反とみなされ、いろいろ面倒くさくなる。

要するに、ジャンル化とはある特定の行為に社会的な居場所があたえられることで、その居場所がコスモス化し、次第に方向づけされてシステム化していく、その過程のことである。ジャンル化、システム化の過程は一方向的だ。昔にもどっていい加減な感じで緩むということは、絶対にない。どんどん大きくなり、ますます強固になり、細部のほうまでぎしぎしに締めつけられていく。最初はいい加減だった行為に倫理やルールがあたえられ、こうやんなきゃいけないみたいなことばかりいう口やかましい長老連中が増えていき、自由闊達(かったつ)さは失われていく。

このジャンル化の動向に敏感だったのが本多勝一だった。もちろんジャンル化は私の言葉で、本多はそういわず、生物学の用語を使って定向進化と呼んでいた。要は物事が一つの方向に凝り固まっていき、融通がきかなくなる性質のことで、同じ意味である。また、具体的に明言したわけではないが、彼は定向進化が進めば進むほど冒険の可能性はせばまっていくことも直観的に嗅ぎ取っていたようで、〈探検や冒険のようなラジカルな行為は、「探検に徹した結果、最も探検的行為としてそれまでの探検を脱する」ことが、むしろ普通に起きてもよいのではないか〉（ニセモノの探検や冒険を排す『日本人の冒険と「創造的な登山」』）などと書いている。これはどういうことかというと、探検とはそもそも脱システム的な行為であるはずなのに、今では探検という言葉に社会的なイメージが固着して（つまり探検というのは地理的空白部を踏査する行為だといったイメージ）、探検をする人々自体が、そのイメージに合う行為以外は探検ではないというふうに考えるようになっている。それはおかしなことなので、ここは一発、本来の探検の語意にしたがい、そういうジャンル化した地理的探検から離れ、それにとらわれない真の融通無碍（ゆうずうむげ）な探検の姿を模索しようじゃないか、というような意味である。つまり探検がジャンル化すること自体、探検という言葉の本来の意味と矛盾していることを指摘しているわけだ。じつは彼のパイオニアワーク論はこの認識のうえに成り立った議論で、探検や冒険はまだ定向進化の始まっていない、誰もが踏み込んでいない分野でなければならないというのが彼の真意だった。つまり本多のいう〈常識〉以前の行為とは、まだジャンル化されていない行為だったといいかえることができる。

最近の登山界の動向を眺めると、良い悪いは別にして、このジャンル化がより広く深く進行している。登山は、百名山ブームや山ガールブーム、富士登山ブームが起きることで中高年や女子らを巻き込んでさらに大衆化し、スポーツクライミングにいたっては五輪競技に採用されたことで今やメジャースポーツに駆け上がらんとしている。そこにトレイルランニングなど周辺スポーツの隆盛も相まって、今では日本国民一億人全員が山に行きそうな勢いだ。

当然、大衆化が進めば倫理やルールらしきものができあがり、システム化していく。いろいろ効率が良くなり、マニュアル本やネットの情報も充実し、それにしたがって登るので、百名山や人気ルートばかりに人が集中する。効率ばかりが重視され、いつしか本来の脱システム的登山の真髄だった自由や創造性は失われ、みんな機械的に、横並びで同じ登り方をするようになる。自由や創造性を求めた登山は結果を予測しにくく、つまらない登山に終わることも多いので、そのような非効率的登山は見向きもされなくなっていくのである。

登山人気の違和感

　また、ジャンル化が進展すると、一般人の登山に対する見方も従来とは大きく変わってくる。どういう変化かといえば、登山がまるで社会的にプラスであること、社会善であるような見方に変わってきているのである。以前は女の子に「趣味は山登りです」といおうもんなら「え〜なんでそんなことするんですか〜。疲れそう〜」という否定的な反応しか返ってこなかったのに、今では「えー、山いいなあ。私もやりたーい」という肯定的な返事がくるほど正反対になっている。

　じつは、これは登山本来のあり方からすればおかしな話である。登山は文字どおり命の危険をともなっており、その意味ではシステムとは対極にある反社会的な性格の強い行為だ。自分から好き好んで命を危険にさらすわけだから、それは秩序を重んじるシステム内部の倫理とは反するわけで、絶対的な反社会／反システム性を帯びているといえる。危険なだけでなく、登山にハマると就職とか結婚とかしないで無職やフリーターのまま山に打ち込む場合が多くなり、登山界の深部にはそれこそ女のヒモにでもなって一生まともに働かない連中も珍しくない。それはわれわれ登山・冒険業界の人間から見れば社会の多様性が確保されているわけだから良いことのように思えるわけだが、社会の主流の側から見れば、生産性も無いし、ＧＤＰや景気にも貢献しないし、全然良いことではない。だから、まともに働きもせず命を危険にさらして山ばかり登っている連中は、昔からろくでもない人間に分類されてきた。

二十年ぐらい前までは社会からこのような冷たい視線がびんびんに送られてきていたので、登山者側にも、それを意識した、どこかやさぐれた無頼っぽい雰囲気があった。駅のコンコースで大きくて汚いザックを背負っている集団を見ると、周囲の人間は社会からはみ出した異形の集団を見る目でながめたし、登山者も、俺たちは汚ねぇ登山者集団だ、俺たちは命を危険にさらして山に登っとるんじゃ、みたいな自虐的かつ自己陶酔的な自負を持っていたので、愚連隊みたいにちょっと威張って歩いていた。そして実際に汚かったし、臭かった。ところが、最近ではそういう社会の側からの登山＝ろくでもない行為という視線がかなり緩和しているように思える。年季の入った大型ザックを背負っていても、以前とはちがって、あ、あの人はもしかしたらものすごく本格的な登山をやっているんじゃないだろうか、という女子の憧れの視線を感じたり、焚き火や泥の臭いをぷんぷんまき散らしながらバスに乗っても、あ、あの人はきっと長い沢旅の帰りだから、この尋常ではない異臭も致し方ないことである、といった周囲の寛容的な空気を感じたりする

（私の思いちがいだろうか）。

こうした外部からの視線の変化を軽視することはできない。もちろん見方が変わったのは、登山のジャンル化、大衆化が大きく進展し、社会の内部に組み込まれたからだ。ろくでもない反社会的行為だった登山は、ジャンル化が進むことで、システム内部の価値感に適合するように自己改変し、表面的には健康に良くて気持ちがいいスポーツに変質しようとしている。

そのことは登山者のファッションを見ても分かる。先ほども言ったように昔の登山者は汚かったし、臭かった。汚いことに存在意義があるというぐらい汚かった。そして実際に、その汚さには彼らの存在意義が表現されていた。というのも登山者の汚い衣服や装備には、登山者という社会からはみ出した不器用な集団による、正統的なものへのアンチテーゼが込められていたからだ。

見方を変えれば、登山という場が、社会のシステムの端っこのほうにあるアジールのような領域として機能していたと考えることも可能である。登山に血道をあげるような人間は、何の疑問も抱かずに就職とか結婚とかできる普通の人たちとちがい、安易に体制に迎合して周囲と同じような生き方を潔しとしない不器用なタイプが多い。人間社会には昔から、そういう主流からはみ出してしまう人間を収容する場がきちんと設けられており、歴史学者の網野善彦によると、中世の無縁とか公界とか楽と呼ばれるのがそういう場だった。私の考えだと、じつは登山という場も、現代社会におけるこうしたアジールとして機能していた。だからこそ登山者の外見は、社会の普通の人々が思わず眉を顰めるぐらい汚くて、何か異形な感じがしたのである。それを証明するように、その昔、東京の緑山岳会はその高い登攀技術を活かして、谷川岳一ノ倉沢の岩壁で墜死したクライマーの遺体を収容する作業をおこなっていたが、彼らはその仕事を遂行する自分たちの異形性を社会に誇示するため、あえて髑髏の絵を会のシンボルとして採用し、収容作業にあたっていたという。その昔、無縁とか公界の構成員だった盲人の琵琶法師は、その異形ぶりゆえに逆に近づきがたい聖性を獲得していたといわれるが、緑山岳会の髑髏マークもそれと似たようなものだといえる。登山者の汚い外見や緑山岳会の髑髏マークは、自分たちが無縁・公界・楽的なアジールに所属していること、つまり体制側とは異なる世界に属することを示す自己表明だった。

　しかしそうした登山者の異形の服装も最近ではずいぶんスマートになり、むしろ爽やかで可愛くてファッショナブルな装いに一変した。かつては例外なくプーンと汗臭さが鼻をついた登山者の体臭も、なぜか登山道ですれ違うとシトラスミントの香りが漂ってきたりして、え？　と思わず振り向いてしまうことも少なくない。今や登山は格好よくてお洒落なスポーツに変わってきており、モデルや俳優やアイドルなどもためらうことなく参入できる分野に変質している。三十年前なら岡田准一のような立場の俳優が登山をするのは、格好悪くてできなかっただろう。少なくとも躊躇いは感じたはずだ。しかし今は逆だ。岡田准一も瑛太も山に登るが、彼らが何の躊躇いも無く山に登れるようになったのには、登山が格好よくなったことがたぶん背景にある。これも社会の周縁でアジールとして機能していた登山がジャンル化して周縁から中心に軸足を移し、体制の枠内に吸収されていった一つのあらわれだろう。

　システム化して体制側に組み込まれたことで、登山は急速に、それまで下界と呼び、自らと区別していた世間と一体化していった。下界化、世間化すると倫理も下界と同じ基準になる。以前は自分たちの世界特有の倫理やルールにしたがって、はっきりいえば適当かついい加減にふるまえた山が、現代では下界と同じレベルで品行方正にふるまわなくてはならない領域となった。ゴミ捨てはもちろんのこと、場所によっては焚き火や野糞、キャンプ等にも気をつかわなくてはすぐに糾弾される。

登山に見られるこうしたジャンル化によるシステム化は、世の中のいたるところに散見される。システムの端っこのほうにある曖昧で漠然としていた領域が、ジャンルとして確立することで一つのコスモスに変わり、やがてシステムの中心部に組み込まれていく。柔らかいエポキシ樹脂が時間とともに硬化していくように、ぼんやりしていた周縁部が、めきめきと音を立てて凝り固まっていく。登山にかぎらずさまざまな領域の細部が幅広くジャンル化していくことで、システムは全体としてさらに強固になっていくのである。

脳のシステム化

脳のシステム化などというと難しそうだが、これはそんなかたい話ではない。要するにシステムが変化すると、脳がその変化に順応するので、人間は気づかないうちにその時代のシステムを前提に行動をとるようになるという話である。

それまでは当たり前ではなかったことが、いつの間にか当たり前になっており、気がつくと自分もその新しい当たり前にしたがって行動している。その結果、ついこの前まで当たり前ではなかったその当たり前が、あっという間に社会全体の当たり前として受け入れられている。そんな感じのことはよくあることである。

たとえばカーナビや携帯電話はそんな感じで広まった。先ほどは携帯の例で説明したがカーナビも同じようなものである。カーナビができると便利なので皆、使い出す。すると脳がその便利さに慣れて、それが車移動の前提となっていく。皆が皆、そういう状態になっていくと、カーナビを使っていない人の車に乗ると妙にイラつく。カーナビを使っていないその人は、カーナビなんか使うと道路をおぼえなくなるのでダメだという意固地な考えがあって使っていなかったのだが、彼女とドライブするたびに「もう地図見るの面倒だからカーナビにしなよ」と圧力を受け、やむなくカーナビを買う。するとその頑固だった人もカーナビの便利さに驚愕し、もうそれなしでは車を運転できなくなる。というか周囲がカーナビ無しという環境に耐えられないのだ。

この頑固な人は誰かといえば、私のことである。私は自分の車にカーナビを搭載していないので、事あるごとに道に迷っては停車して地図を確認する。すると、妻のほうがそれに耐えられずイライラし、結局、カーナビアプリを表示したスマホを目の前にポンとおく。本人がいくらカーナビは使わないと決心しても、妻も含めて周辺環境が全部システム化しているので、もう森で一人暮らしでもしないかぎり、そこから逃れることは難しい。システム化を考えるうえで、こうしたそれぞれの人間関係の作用は無視できない。身近な人からちくちくと圧力を受けると、人間、よほどの主義主張がないかぎり周囲に染まっていくものだ。こうしてシステムはどんどん無限拡大する。

ニコラス・G・カー『ネット・バカ』（篠儀直子訳）という本には、脳がシステムに適応し、われわれ自身がシステム化しているこのような現実が分かりやすく説明されている。

カーによれば、近年の脳科学の進歩によって、脳が可塑的な器官であることが判明してきているという。

われわれは脳というのは特定の遺伝情報にもとづき、生まれつき決まりきった形質を発現する機械のような器官であって、外側の世界の変化に対応して機能を変化させるようなことはないと考えがちだ。しかし、カーによると〈脳は、かつて考えられていたような機械ではない〉らしく、〈異なる領野は異なる精神機能と結びついているけれど、細胞という構成要素は永久に変わらぬ構造を形成しているわけでもなければ、かっちりと定められた役割を果たしているわけでもない。フレキシブルなのだ。経験や環境、必要性に応じてそれらは変化する〉という。

カーはその事実を証明するために、いくつかのよく知られた研究を紹介している。たとえばウミウシに似たアメフラシという生物は、体の襞（ひだ）に触れられると本能的にその襞を引っ込めようとする。だが、それを四十回くりかえすと触られることに慣れて無視することを学習する。このときアメフラシの体内で何が起きているかといえば、知覚ニューロンと運動ニューロンをつなぐシナプス結合が弱まっているのだという。つまり〈慣れる〉という漠然とした感覚の変化の背後では、特定の神経細胞が減少するという具体的な化学変化が起きていることになる。

また、もう一つの例として挙げるのが幻肢だ。幻肢とは、事故などで腕等を失った人に目を閉じてもらい顔のさまざまなところを触ると、無くなったはずの手の指先を触られているような感覚が生じる現象である。こうした現象も現在では、脳内で対応する領野が実際に再編成されて起きると考えられている。

カーによれば脳内の神経組織は常に可塑的であり、外側の現実の変化に対応して〈精神の絶えざる再形成、および「新たな行動パターンの表現」を可能にする〉という。こうしたフレキシブルな器官が、たとえば現代システムの代表的な構成要素である情報通信テクノロジーの発達のような巨大な変化に無反応であるはずがない。カーがＩＴとの関係で紹介するのが、検索やネットサーフィンで細かな情報や短いセンテンスを処理することに慣れてしまったせいで、大部の書物や物語を読むことができなくなったという、彼自身の実感だ。同じように感じているライターや編集者が彼のまわりにはたくさんいるという。

こうしたことを考えると、脳それ自体がシステムに適応してシステム化しているわけで、われわれの脳の反応こそシステムの一部であるということさえいえそうである。脳がシステムに適応するため、その機能を可塑的に変化させる。その脳の反応にしたがって、われわれはシステムに順応した行動をとるようになる。するとその一人一人の行動がまたシステムを強化する方向に働く。

この視点は、おそらく現代においてなぜ冒険が困難なのかを考えるうえで重要だ。というのも、われわれ自身がこの巨大で複雑な現代システムの一部として機能しているなら、そこから外れた行動をとるのはいよいよ難しくなるからだ。

冒険の現場では、GPSや衛星電話のような通信機器を使うのが当たり前になっている。それがひとたび当たり前のこととして受け入れられると、そこから外れた行動はとりにくい。とくにGPSや衛星電話は安全と直結しているため、それを使わないことは安全軽視ともとられかねず、使うこと自体が倫理となる。実際、現代ではこれらの機器を使わないと、現場でかなり白い目で見られる。北極圏の場合はイヌイット自身が狩猟のために旅をしてきた民族で、今では彼ら自身が移動の際に通信機器を使うので、私がGPSや衛星電話等を持たないというと、そういう安全にかかわるものはちゃんと持ち歩いたほうがいいと忠告を受けることがある。こうした忠告は人間関係を考えると無視できない同調圧力に変わり、システムを拡大させる動因となる。このようにわれわれ自身がシステムに適応し、システムの一部となることで通信機器というシステムは広く受け入れられていく。

その結果、現代の冒険はきわめてスポーツに近い行為に変質している。これについては非常に重要な論点なので、後で詳しく検証する。

また脳のシステム化については、もう一つ、答えが簡単に得られる環境に慣れきってしまったことも、冒険を考えるうえで重要な視点だ。

われわれの生活では常にネット検索すれば答えらしき結果が表示される。それにスマホが普及してからは、疑問を持ったらすぐにその場で検索することが日常になった。おかしな話だが疑問に対して即座にその場で検索し、答えを提供するヤツが仕事のできるヤツみたいに思われている（私にいわせれば単に迷惑なヤツなのだが）。このような環境が当たり前になったせいで、われわれの脳は疑問があるという状態に耐えられなくなりつつあるし、さらにいえば答えが簡単に出ない問いや、自分で答えを見つけなければならない問いが存在するということが忘れ去られつつあるように思える。なんでもかんでも検索すればマニュアルや答えらしきもの（答えではないが、一般的には答えだとみなされている）が得られることが当然だとみなされているのだ。

近年、冒険といえばすぐにエベレスト登山やアドベンチャー・レースが出てくるが、その事実が現代人から脱システムという発想が失われたことを示している。エベレスト登山やアドベンチャー・レースはマニュアルが整えられたり、舞台が用意されたりしたシステム内的行動だ。つまり答えがある世界であり、努力すればどのような成果が手に入るのかを容易に想像できる活動である。現代の〈答えらしきものが簡単に手に入る社会〉をそのまま山とかジャングルとかに適応したのが、エベレスト登山やアドベンチャー・レースの類の活動だといえる。

本来の冒険＝脱システムは、そうしたことを超越した、どのような成果が得られるのか分からない、という以前にそもそも何か答えがあるのかどうかすら分からない、そうした未知で混沌とした領域に飛び出す行為である。しかし、現代のシステムに適応した脳は、そうした未知で混沌とした領域に出ることに価値を見出せず、拒否する傾向がつよい。現代のシステムではネット上にあるものがこの世のすべてである。答えがすぐ出てくるようなネット的世界に発想自体が慣れきっているので、検索することなど叶わない未知で混沌とした世界がこの地球上に存在していることなど想像できなくなりつつある。仮にそうした世界があると分かっても、そこに飛び出すことに効率の悪さを感じている。

この傾向がつづけば、やがて、そんな世界は本当にないことになるだろう。人々の意識から消滅すれば、それはあらゆる意味でこの世界から消滅したことになるからだ。

現代の冒険が難しい理由はいくつかあると思うが、じつはこのわれわれ自身の変化が、一番厄介なのかもしれない。

第4章

現代における
脱システムの実例

サバイバル登山中の服部文祥。
燃料や食料を可能なかぎり自給して長期登山を続ける。
2015年、北海道・増毛山塊にて撮影。
©杉村 航

変質する北極点到達という行為

一九〇八年八月十八日、米国の探検家ロバート・E・ピアリーの船ルーズベルト号は北緯七十八度十八分にあるグリーンランド最北部の集落イータ（P．121地図参照）を出発し、さらなる北上を開始した。めざすは人類初となる北極点到達である。

鉄の意志を持ち、海象のような髭を鼻の下にたくわえたピアリーはそれまでにいくども グリーンランド北部に通い、過去の探検では内陸氷床を越えて地球上の陸地で最北端にあたるモーリス・ジェサップ岬に到達するなど大きな成果をあげてきた。

北極点到達に挑み始めたのは一八九八〜一九〇二年の遠征からだ。このときの遠征でピアリーはグリーンランドとカナダ・エルズミア島間の海峡を航行中、浮き氷に行く手をはばまれ越冬を余儀なくされた。そして、厳冬期の太陽の昇らない暗黒の極夜の中を無理やり犬橇で北上を試み、その結果、ひどい凍傷にかかって足の指の八本を切断している。それでも断念するということを知らないピアリーは、一九〇五〜〇六年にふたたびこの厳寒の地に舞いもどり、前回の探検で痛い目にあった海峡を突破し、北緯八十七度〇六分という当時の人類最北到達記録を樹立した。

これが三度目の極点挑戦だった。すでに五十二歳となっていたピアリーは、この遠征が最後の極点挑戦だと決めていた。それだけに、必ず、何があっても到達すると心にかたく誓っていた。

だが極点に向かう前に、難所が立ちはだかっている。まずは十年前の挑戦で足の指の切断を余儀なくされた因縁のグリーンランドーエルズミア島間の海峡をなんとか突破しなければ、極点旅行への出発点にも立てず、その挑戦権すら得ることができない。

危惧したとおりイータを出た翌日から、ピアリーの船は氷にかこまれて航行不能となり、漂流を開始した。五日目に氷が開き、一気に前進するが、海峡の北部でふたたび氷にとりかこまれ行きづまる。気まぐれに緩んでは開き、また閉じる氷を相手に、船は一進一退の攻防をつづけた。そしてついに決定的と思われる危機がおとずれた。潮に乗って勢いよく通過した大氷盤が、船を係留していた巨大な氷塊にぶつかり、その衝撃で船の甲板の一部が破壊されたのだ。ピアリーは圧力がゆるんだ隙に係留していた綱を断ち切り、なんとか危機を脱したが、その後も次々と巨大な氷塊が流れてきて、船は翻弄される。氷の圧力が高まり船が右舷側へ傾いていくさなか、ピアリーはついに氷を爆破することを決断する。彼の指示にしたがって船員たちはダイナマイトを布袋につつみ込み、蓄電池から電線をつなぎ氷盤の割れ目に突っ込んで電流を走らせた。

バリバリ、ズドン、ドドーッ！　船ははじかれたバイオリンの弦のように震え、水柱と氷の破片とが一〇〇フィート〔三〇メートル〕も空に噴き上がった。間欠泉のようだった。

（『北極点』中田修訳）

発破という緊急手段で氷の攻撃をかわしたピアリーは九月五日、エルズミア島北岸のシェリダン岬になんとかたどり着く。イータを出発してから十八日、この危険きわまりない海峡を突破し、めざすシェリダン岬が遠望されたときは〈天国の門より美しく見えた〉という。

シェリダン岬に船を停泊させたピアリーは秋に物資を北西に約百七十キロ離れたコロンビア岬へはこび、翌春から北極点へ向けた犬橇行進を開始した。そして一九〇九年四月六日午前十時、天測で北緯八十九度五十七分という数値を得て、日記に勝利の喜びを書き記した。

ついに極点。三世紀のあいだ人々の追い求めていたもの。わが二〇年間の夢、目標。

北極探検に臨む、米国の探検家ロバート・E・ピアリーと彼の犬たち。

ついにわが手に！　その実感がなかなか湧かない。あまりにも単純で平凡な感じがするのだ。（前掲書）

前章では、時代とともにシステムが一方向的に巨大化、複雑化し、強固になっていく過程を検証したが、本章ではまず、システムの巨大化・複雑化にともなって冒険の現場が具体的にどのように変容していったのかを、この北極点到達の歴史を例に考えてみたい。

ピアリーはこの遠征で世界初の北極点到達を成し遂げた、とされている。じつは今では彼の極点到達は疑問視されており、北極点にかぎりなく接近したが到達はできていなかったという見方が有力なのだが、ことの詳細はここでは議論の本質ではないので、ひとまずおいておく。本書の内容で重要なのは、ピアリーがどのような過程を経て北極点（付近）まで到達したのか、だ。

ピアリーが選んだ危険なルート

冒頭で見たようにピアリーは夏の海氷がゆるむ時期に、グリーンランドとカナダ・エルズミア島の間の海峡を蒸気船で北上し、カナダ側の陸地の北端であるエルズミア島最北部のシェリダン岬に到達している。そして冬を越して北極海の氷が十分に結氷してから極点に向けて犬橇で北上を開始する。この一連の大遠征の中で注目したいのは、彼が夏のアプローチルートとして採用した、このグリーンランド－エルズミア島間の海峡の存在だ。

ピアリーの冒険ではこの海峡はあくまで北極点到達のためのアプローチルート、つまり犬橇旅行を開始する前線基地に向かうための前段階にすぎなかった。しかし、それにもかかわらず海流の流れははやく、北極海から巨大氷が予測困難な挙動で流れ込んでくるので、この海峡を船で北上することそれ自体が非常に困難な冒険だった。この海峡はピアリーの半世紀ほど前から米国の探検家を中心にじわじわ北上が試みられてきた歴史があり、〈ア

ピアリーの北極探検経路

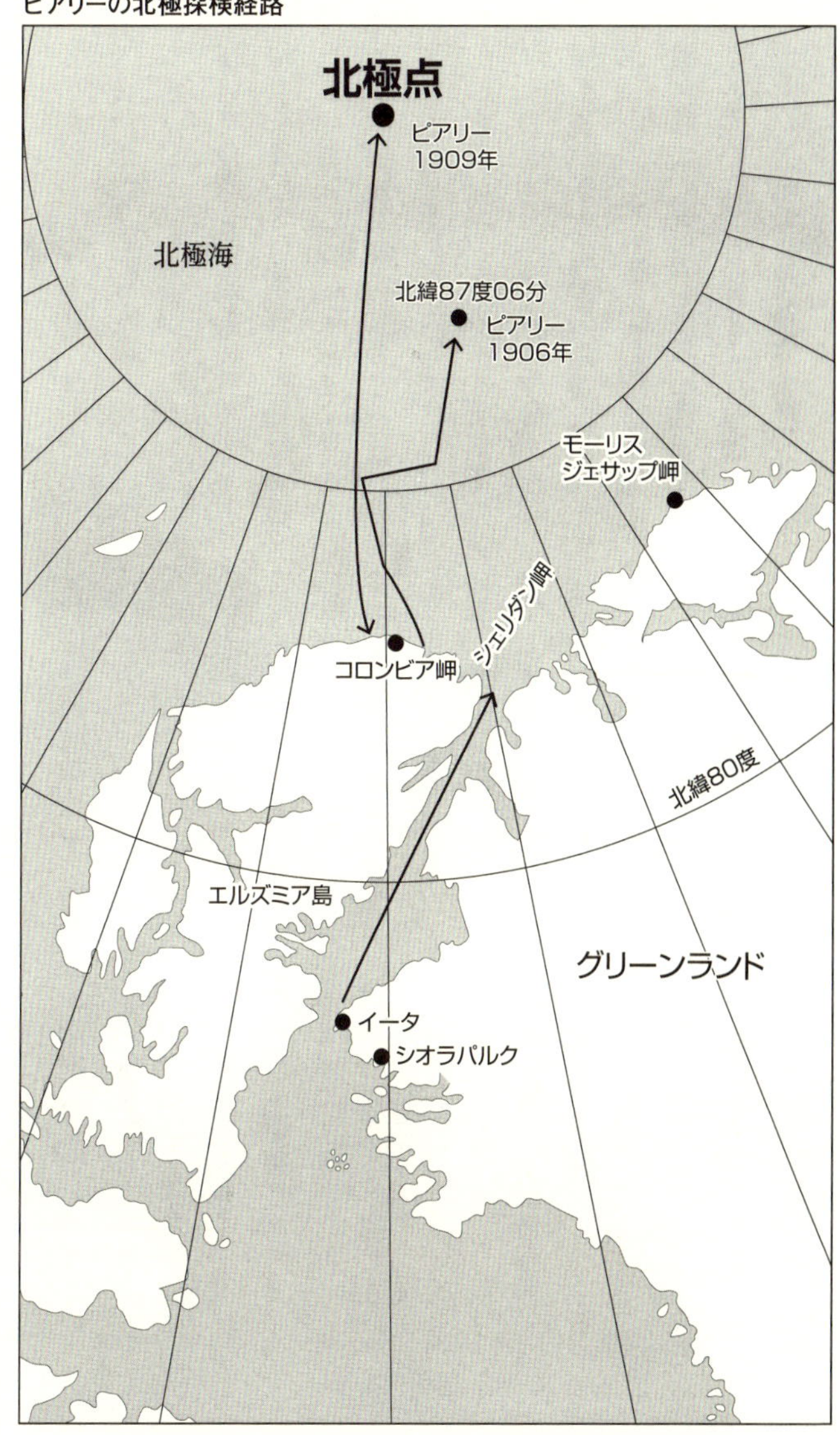

メリカルート〉と呼ばれていたが、それらの探検隊の中には航海の途中に遭難し、多くの隊員が死亡した隊もあったほどである。ピアリー自身も最初の北極点遠征では足の指を失っているし、今紹介したように極点到達に成功したときも氷を爆破するという非常手段に訴えて危機を回避している。それぐらい当時の極地探検家にとって〈アメリカルート〉は、場合によっては本番の犬橇極点行よりも危険だと考えられる区間だった。事実、ピアリーはこの海峡について〈イータからシェリダン岬までの間にある狭くて氷にふさがれたいくつかの海峡を航行することは、長らく絶対の不可能事だと考えられていた。〉と書いている。〈困難と危険の点でここに匹敵する場所は北極地域のどこにもない〉。

ところが、その事情は航空機の登場で一変する。

ピアリーの後、陸地や海氷を移動して北極点に到達した隊はしばらく現れず（飛行船や航空機、潜水艦での到達はあった）、一九六八年～六九年のプレイステッド隊（スノーモービル）、その後に英国ハーバート隊の北極海横断（犬橇）、日本の日本大学隊（犬橇）、植村直己（犬橇）らの時代まで待たなければならなかった。だが、この一九六〇年代になるとすでに飛行機による輸送や補給、無線通信機器による連絡体制などが整備されており、二十一世紀の情報科学システムへと連なる基盤はできあがっていた。そのため、当たり前といえば当たり前だが、ピアリーのように〈アメリカルート〉みたいな危険な海を船で北上して北極点をめざす人間は一人として現れなくなった。プレイステッドもハーバートも植村直己も皆、北極海沿岸のカナダやロシアの一番北側の陸地まで航空機で行って、そこから犬橇で北極点をめざしている。

その後も同じ流れはつづく。最近では犬橇ではなく徒歩で橇を引いて北極点をめざす冒険家がほとんどだが、その全員がカナダかロシアの最北地点まで飛行機で行き、そこから北極点に向けて歩き始める。無補給と銘打ち挑む者もいるが、無補給が無理な者は途中で航空機で物資を補給してもらって北極点をめざす。途中で氷の状態が悪かったり、怪我したり、心が挫けたりしてダメになったら、航空機を呼んで回収してもらう。遠征に成功して北極点に到達しても、ほとんどが航空機で帰路につく。だから莫大なカネがかかる。

こうした経緯をつぶさに検証すると北極点到達行がどのようにシステムの内部にとり込まれ、強固になっていったか、その深層が見えてくる。

北極点の周辺はピアリーの時代はまだ完全にシステム外の領域だった。北極点どころか、北極点到達行の出発地点に行くための〈アメリカルート〉でさえ、先の読めない混沌としたシステム外の領域であり、航海自体がかなり難度の高い冒険であった。ところがシステムの発展、巨大化でその事情はがらりと変わり、一九六〇～七〇年代のプレイステッドや植村直己以降の時代になると航空機による物資の輸送や、無線での定期連絡などが可能となり、ピアリーの時代は混沌とした領域だった北極点周辺にシステムの網がかぶさっていく。一度テクノロジーが道を開いてしまえばシステムは一方向的にどんどん成長していく。新しいやり方が発見された途端、プレイステッドや植村以降の冒険家たちは彼らと同じように飛行機を使ってカナダ北端まで行き、次々と挑戦をつづけていった。後続者がふえると装備や方法は洗練されていき、一枚だったシステムの網は二枚、三枚となり、方法論的にも揺るぎないものとなっていく。つまり〈北極点到達行〉という行為は、すなわち〈飛行機で陸地の北端まで行ってそこから歩き始めること〉という行為としてジャンル化していったのだ。同時に、脳もこの一連のシステム化に適応するので、北極点に到達しようという者はほぼ全員、飛行機でカナダの北岸に行き、ダメならピックアップしてもらうことを当然のことと考え、受けいれていく。この一連の流れを見れば分かるとおり、昔は北極点に行けさえすれば何でもありだった北極点到達行という冒険が――ナンセンにいたっては漂流してまで行こうとした――、スタートまでのアプローチとゴールの後の帰還は航空機を使って省略することが前提の行為に定型化していったわけだ。

しかし、ここで考えてみたいのは、じつはそのことではない。この話は前章の確認にすぎない。それよりもシステムが冒険の内実をどのように変化させるのか、その点をここでは指摘しておきたい。

表面的な変化より、もっと深いところで何が起きたか考えてみよう。ピアリーの時代は船で〈アメリカルート〉を北上して犬橇で北極点をめざすのは、じつに合理的なことだった。それ以外に北極点に行きようがなかったからだ。しかしその後の時代の方法、つまり陸地の北岸に飛行機で行き、そこから北極点をめざすという行為は、どこかおかしなところがある。なぜなら、そんなに北極点に行きたいなら飛行機とか砕氷船で行けばいいじゃないかという疑問が根本的につきまとうからだ。実際、今の世の中、四、五百万も出せば優雅な北極点観光ツアーに参加することだって可能だ。それなのに、わざわざ陸地の北岸まで飛行機で行って、そこから海氷の部分だけ歩いて北極点をめざすというのは、やはり不自然なのである。

この北極点到達行の存在論的矛盾は次のように解釈することができる。

一言でいえば、現代における北極点到達行は意図的に残された行為である。北極点周辺はもう事実上、システムにおおわれてしまっている。ＧＰＳがカバーし、衛星電話で連絡をとり、いつでも航空会社にピックアップを要請できる。しかもカネさえ払えば誰でも観光ツアーで行けるのだから、歩いて北極点に行くことは人類の到達行為としては本質的に無意味である。だが、その一方で自分の肉体を駆使して北極点に行きたい冒険野郎はそれこそ世界中にまだたくさんいる。この矛盾を解決するために編み出されたのが、冒険的な意味での北極点到達を観光ツアーなどと分離して独立させるという方策だった。もちろんこれは誰かが発明したわけではなく自然の流れでそうなっただけだが、経緯はどうであれ、今では〈北極点到達〉といえば〈どこかの陸地から自力で北極点に到達すること〉というふうになんとなく定義されている。つまり現代の〈北極点到達〉は、北極点にいたるまでのルートの中の面白いところだけを意図的に切りとり、そこを競技場化することで可能となった事実上のスポーツだといえる。

もちろん北極点到達行に危険がないわけではない。常に流動する海氷は予期せぬ危険が待ち受けており、とりわけ近年では温暖化の影響で氷が薄くなり、簡単に割れてばらばらになるので、むしろ難度はあがっているともいう。飛行機だってどこでも呼べるわけではなく、氷の状況によっては着陸できない可能性も高い。その点をとらえれば、単純にスポーツに分類できるとはいいがたい面もある。しかし、本質的な部分はシステムによってスポーツ化しているとみなさざるをえないだろう。本来の脱システム的な冒険は、人間界を出発し、境界を越え、システムの外側に広がる異界で未知や混沌と格闘し、そして人間界に帰還するという流れだったのに対し、現代の北極点到達行は、この中の最大のクライマックスである異界での格闘の部分だけを切りとって、その前後は飛行機を使って都合よく省略している。いいかえれば、システムの拡大によって舞台を都合よく切りとれるようになったことで、はじめて可能となった行為だといえるのである。

北極点到達の意義

ちなみに余談になるが、近年、北極点周辺では脱システム的観点から見るとじつに面白い状況が出現している。現代の冒険家の多くがまず飛行機をチャーターして陸地の北岸まで行くことはすでに述べたが、じつはカナダ側で北極点関連の運搬を一手にになってきた航空会社がその業務から手を引いてしまい、出発地点である陸地の北岸に飛行機で行くことができなくなった。

その結果、どうなったかといえば、誰も北極点に到達できなくなった。

もちろん北極点周辺へのフライトや砕氷船ツアーは続いているので観光者として北極点

に到達する人は数多く存在する。二〇一七年春に早稲田大学の女子学生が北極点に到達したと発表したが、彼女も飛行機で北極点の近くに着陸して最後の百キロを歩いただけだから事実上、観光客としての到達者だ（彼女はエクスプローラーズ・グランドスラム達成と宣伝していたが、私は冒険界にそういうタイトルがあることを初めて知った）。一応、北極冒険業界では、冒険的に北極点に到達するという行為は、陸地の北端から自力で北極点まで移動する行為と考えられており、それはできなくなってしまったのだ。

脱システム的観点からいえば、今の北極点、というか北極海はかなり面白いことになっている。なにしろカナダの一民間航空会社がサービスを停止しただけでそれまでのシステムは瓦解し、完全ではないが、百年前と同じ到達困難な脱システム的な領域として復活したのだ。もし観光ツアーに参加しないで北極点に到達するとしたら、ピアリーの時代のように船などでかぎりなく北上を試み、最北到達地点で越冬して、氷に囲まれた船を出発して歩き出すしかないだろう。ナンセンのように北極海を漂流するというのも一つの手だ。しかも失敗しても航空会社のアシストは受けられず、ピックアップしてもらうことは不可能だ。数年がかりの真に脱システム的で命懸けの行為になるのはまちがいない。

なぜ冒険はスポーツ化するのか

こうした冒険のスポーツ化は北極点にかぎった話ではなく、南極点だってそうだし、砂漠や海やジャングルもおそらく似たようなものだろう。

登山や極地など自然を舞台にした冒険は肉体を酷使してゴールに向かうことが多いので、どうしてもスポーツと同じだとみなされがちだ。事実、新聞社の冒険担当も社会部ではなくスポーツ部の記者が割り振られる。

しかし、本質的には冒険とスポーツは完全に対極に位置する行為だ。何度もいうように、冒険というのはシステムの外側にある混沌とした未知の領域を舞台にした行為である。コロンブスの航海やナンセンの北極海漂流をスポーツだとみなす人はいないだろうが、それは彼らの行為を評価するとき、必ず未知で予測不可能な世界に飛び込むという点に注目が行くからである。それに対してスポーツは競技場という名の舞台の整った管理された場でおこなわれる行為である。身体能力の優劣を競うわけだから、基本的にいつでもどこでも平等に同じ条件で実施されることが原則である。サッカーの試合だってフーリガンが暴れてスタジアムが混乱に陥ったら試合は成立しない。

冒険＝混沌とした場が舞台

スポーツ＝管理された競技場が舞台

このようにどのような状況で行為が成立するかを考えると、冒険とスポーツはまったく正反対の行為だということが理解できる。

ところが、その冒険が現代ではスポーツ化しているのである。これは冒険の危機を端的にあらわす現象だと私は考えている。今後、冒険を冒険としてとりもどすには、このスポーツ化を乗り越えたところで行為しなければならないだろう。

自然環境の競技場化

スポーツ化を乗り越えるためにも、まず冒険がスポーツ化する原因を解明することが必要だ。私が考えるに、その理由は大きく二つある。一つは、くどいようだがシステム化の問題だ。北極点到達行のところでも見たが、北極圏は昔はシステム外の混沌領域だった。それが現代では情報通信テクノロジーと航空機の発達で一気に目に見えないシステムがおおいかぶさり、いつでもどこでも都合のいいときに外部とつながってシステム内部にもどれるという状況が出現している。それを考えると場の状況としては混沌ではなく整然とした競技場に近づきつつあるといえる。

しかも厄介なのは、自然環境だけ見ればシステム化の前と後では何ら変わっていないことだ。ＧＰＳがあろうと航空機で物資をはこんでもらおうと、北極海という環境自体は同じ状態でそこにある。目に見える世界は何も変化せず、ピアリーの時代と同じような北極に見える。つまり、システム化とは目に見えない裏側で進行している事態にすぎない。冒険がスポーツ化するポイントの一つはここだ。裏ではシステム化して、事実上、脱システム的な混沌はとりのぞかれているのだが、目に見える世界は依然として混沌としてシステムの外側にあるように見えるので、冒険者本人も、その人の冒険を見守る周囲の人たちも、意識のうえではその行為がまさしく冒険であるかのような錯覚を得ることができる。本質を見れば自然環境は整然と管理された場に変わっているのに、あたかもそんなことはないようにふるまえる。安全なうえ、見かけも冒険っぽく、いいことばかりなので冒険はどんどんスポーツ化していく。

現代ではほとんど全地球規模でこうした自然環境の競技場化が進んだ。サバイバル・レースなどはこの競技場化をフルに利用したスポーツだといえる。サバイバル・レースは砂漠やジャングルや海などを舞台におこなわれるので、一見冒険的に見えるが、主催者がいる以上、裏では選手の安全やコース設定やスケジュールがきちんと管理されており、その意味で完璧に競技場化している。だから分類としては冒険ではなくスポーツ、それも純度百パーセントのスポーツだ。

北極点到達行やエベレストの場合はそこまで完全に競技場化しているわけではないが、しかし、北極点到達行ではスタートからゴールまでの区間を恣意的にとり出して、そこだけで挑戦がおこなわれているわけだし、エベレストだってシーズンになるとガイドやシェルパが固定ロープをばしばし張って舞台づくりがおこなわれているわけだから、いずれも根本的なところでは競技場化しているといってさしつかえないだろう。ナンセン、ピアリーの時代は混沌とした自然のすべてを受けいれなければならなかったが、システム化した現代では行為の対象となる空間だけ都合よく切りとり、整備して、競技場化することが可能となったのである。

冒険がスポーツ化するもう一つの理由だが、それについてはシステム化とはまったくちがう視点から考察してみたい。ここで考えてみたいのは、冒険がスポーツ化する前提となるわれわれの内部の意識の問題だ。

スポーツ化した冒険に共通するのは何だろう。北極点到達行では陸地の北端をスタート地点、北極点をゴール地点として意図的に区切り、そこが舞台として設定されている。エベレストではベースキャンプがスタートで頂上がゴールだ。サバイバル・レースはそれこそスタートとゴールがそのつど設定されている。つまり、どの分野でも必ずスタートとゴールがあることは共通している。これは何を意味するのだろう。

答えを先にいえば、これらの行為はすべて、地理的にどこかに到達することをめざすことが前提になっている。さらにいうと、人間によるほとんどすべての冒険行為はどこかに到達するという視点に縛られているということである。

人間は太古の昔からどこかに到達することをめざして拡散してきた生き物だった。十数万年前に出アフリカしてユーラシアに拡散し、陸続きだったベーリング陸橋をたどってアメリカ大陸へ拡散。小さくて粗末な船と経験知による航海術を駆使して太平洋に拡散。大航海時代にはスペイン人が新大陸に拡散。さらに近代をむかえてこれまで人類が到達できなかった極地やら砂漠やらの辺境への探検が可能になると、地球上の隅々に向けてさらに拡散した。その結果、地球上のあらゆる端の端、しわしわした地形の襞（ひだ）の中にまで足跡を残しつくして、人類が到達すべき場所はもう無くなってしまった。

ところが人間の本能として、どこかに到達したいという欲求が無くなるわけではない。その結果、どこかに到達する行為は、それはそれとして残されることになった。エベレストに登頂するという到達行為は残されたし、北極点をめざすという到達行為も残された。そして、そういうメジャーな目標には到達志願者たちが群れをなして押しよせるので、大衆化してシステム化して競技場化した。するとどうなるかといえば、到達志願者たちの中で必然的に競争心が芽生え、競技場化した自然環境の中でより高いパフォーマンスを示して自分たちのことを価値づけしようとし始めた。史上最年少だとか、最高齢だとか、日本人初とか、最速とか、冒険的にはあまり本質的とはいえない〈記録〉を次々と掲げ、身体的な能力が高いことを示すことで行為の価値づけをはかるということが普通になってきた。己の身体能力の高さを誇示しているわけだから、これはスポーツ競技以外の何物でもない。

このように冒険がスポーツ化する背景には、ゴールに到達するという地理的な視点が隠されている。人間は本能的にどこかに到達したいのだが、この現代においてはすでに新しくて価値ある到達点が無くなってしまった。じゃあ既存のゴールを使って、あとは内容で優劣を競おうじゃないかというのが冒険がスポーツ化する最大の要因だ。いいかえれば、ゴールの数が決まっている以上、到達するという視点に縛られているかぎり、スポーツ化して優劣を競う方向でしか発展のしようがない。

この到達主義的な傾向に明確な価値があたえられたのは近代に入ってからだろう。近代というのは進歩、前進、拡張、膨張の時代で、国家による近代的拡張精神の体現ともいえる植民地主義・帝国主義は、地球の皺の皺まで到達しようという探検の精神が生み出したものだった。大昔の時代のイヌイットなんかは、もっと獲物の豊富な土地に行きたいとか、単なる個人的な好奇心といった素朴な理由から未知の土地に拡散したのだと思うが、近代の欧米人は科学の発展やら人類の知の増大やら経済の発展といった錦の御旗（みはた）を立てて、新しい土地をめざして群がり、そして錦の御旗という正義があるから、平然とその新しい土地で暮らしていた人たちを殺すこともできた。つまり探検してどこかに到達することが社会の発展のために圧倒的に価値あること、有用なこと、進歩だとされたのが近代という時代だった。

　地理的な一点に到達するという視点の裏には、こうした近代の思考が見え隠れしている。学問や文学や芸術の分野では近代の限界やうさん臭さが指摘されて何十年にもなるのに、冒険の分野では未だに近代的視点に縛られ、どこかに到達することに縛られ、そこから脱却できずにいる。

　冒険がスポーツ化する本質的な要因は、地理的な到達点しか対象を見つけられないからだ。どこかに到達することに縛られているかぎり、冒険は最終的にはスポーツ化するよりほかに道はない。しかしスポーツ化は舞台の競技場化が前提なので、方向性としては脱システムとは対極である。スポーツになればなるほど、それは冒険では無くなるのである。そうであるなら、冒険が冒険であることをとりもどし、脱システムするには、どこかに到達するという視点から解放されなければならない。地理的、空間的な価値観を離れて、新しい別の脱システム的可能性を拓かなければ、今の時代、冒険をおこなうことは難しくなっている。

新しい位相空間をめざす

地理的な視点に縛られない冒険とは、どこかの一点に到達することを目標としない冒険だ。とはいえ、それはいったいどのような行為をさすのだろう。

最近では冒険といえばエベレストとか南極点といったメジャーな地点への到達ばかりが注目されるので、〈冒険＝極点への到達〉という短絡的な思考がいっそう強まっている。そうした思考に慣れきった現代人の脳には、〈どこかに到達することではない冒険〉などといわれても、あまりピンとこないかもしれない。

しかし〈どこかに到達することではない冒険〉は、それこそ昔はごろごろしていた。たとえば本書の冒頭で紹介した一九六〇年代の探検部員たちによる三原山火口探査のような計画はその典型といえる。たしかに火口探査とはいえ、ウインチでマグマの見えるポイントまで降りるわけだから、表面的には〈マグマの見える場所＝地理的なある一点〉への到達を目標にしていたといえなくもない。しかし、あの計画の真の目標は地理的な空間領域を踏査することとはちがう、それを突きぬけた何かだった。マグマが煮えたぎる地底世界は、私たちの日常では決して現前することのない、もう一つの知られざる地球の裏の素顔であり、隊員は己の肉体を駆使し、それを己の肉眼で見ることに既存の体系からはみ出した価値を見出していたのである。

有名どころとしては、トール・ヘイエルダールによるコンチキ号探検も〈どこかに到達することではない冒険〉に分類できるだろう。ヘイエルダールはノルウェーの人類学者で、ポリネシア人が太平洋上に拡散したのは従来考えられてきたアジア側ではなく、アメリカ大陸側から筏（いかだ）にのって漂流してきた結果であるとの考えをもっていた。その自説を証明するため、彼は妻が引き留めるのも聞かず、ペルーにわたって筏を作り、仲間とともに海流にのってポリネシアまで漂流する。それがコンチキ号探検だ。

このコンチキ号探検も表面だけ見るとペルーからポリネシアに漂流航海することが目的

なので地理的な到達を目的にしているように見えるが、これも真の目的は別のところにあった。その目的とは古代ポリネシア人に近い方法で太平洋を航海をすることで、彼らが見た世界を追体験し、現代人の目では見えなくなった古代人の世界の中に入り込むことである。

このように〈どこかに到達することではない冒険〉は現代においても可能だし、そうした冒険が素晴らしいのは地理的な制限を受けないので未知なるフィールドが一気に、ほとんど無限大にまで広がる可能性があることだ。新しい視点さえあれば脱システム的領域が見つかるので、限られたゴールに体力自慢ばかりが群がるスポーツ化のような袋小路にはまることもない。

ただ問題なのは、その新しい視点が見つかるかどうかである。

ポイントは、現代システムの境界がどこらあたりにあるのかを見定めることだろう。冒険とは脱システムなので、システムがどこらあたりまで進出しているのか見定めないと脱したくても脱することができない。三原山火口探査で考えると、噴火口周りの立入禁止のロープ（そういうものがあるのか知らないが、たぶんあるだろう）と火口のマグマとの間に、システム的境界線が目に見えないかたちで存在していたはずだ。隊員たちはそこに、立入禁止のロープのほかにシステムの境目があることを直観的に分かっていたからこそ、これは探検になると踏んだのである。

コンチキ号探検では、現代人が現実に生活している物理的経験世界とは別に、古代ポリネシア人世界というもう一つの世界が、われわれの目には見えないところに並存(へいそん)していることが行動の前提となっている。物理的経験世界とは、われわれが今、現実に目にしている空間と時間と因果律によって成り立つ世界である。その一方でヘイエルダールは、われわれの目に見えない位相に古代ポリネシア人世界が並行して存在しているはずだと仮定している(彼の著書にはそんなことは書いていないが、彼の行動はそのような構造になっている)。この二つの位相空間は並行しており決して交わらないので、物理的経験世界に生きるわれわれの目に、古代ポリネシア人世界が現実的に見えてくるわけではないのだが、ヘイエルダールはバルサ材筏による漂流という当時の航海術を採用することで、物理的経験世界の限界を突き破り、この普段目に見えない古代ポリネシア人世界という別位相空間に入り込もうとしている。そう考えると、ヘイエルダールにとってのシステムの境界線は、この物理的経験世界と古代ポリネシア人世界との間に引かれていたとみなすことができるだろう。

境界線がどこに引かれているか、それを見出すことによって未知は一気に開けてくる。私個人は、位相空間を変えるというイメージでこれをとらえている。この現実世界には、われわれが現在生きている現代システムという位相空間がある一方で、われわれが見出しえていない無限の異なる位相空間が広がっている。視点と見方を変えるだけで、この位相空間は一気に開けて、知られざる未知の世界が現れる。

その別位相空間にもぐり込んだ最近の冒険として三つの例を紹介しよう。

人間の世界から狼の世界へ

『狼の群れと暮らした男』（ショーン・エリス、ペニー・ジューノ著、小牟田康彦（こむたやすひこ）訳）についてはほかの拙著（『探検家の日々本本』）でも触れたので重複するが、内容が衝撃的かつ完璧といっていいほど脱システム的なので、改めてここで紹介したい。

タイトルから分かるとおり、この本は実際に北米ロッキー山脈で狼の群れと暮らした男による体験的ノンフィクションである。男はショーン・エリスという軍隊出身の英国人で、幼少期から片田舎の農場で野生動物に囲まれた環境で育ち、狼に並々ならぬ関心を持っていた。野生動物公園で狼の凛々しい姿を見たことから彼は好奇心をつのらせ、狼の群れと暮らし、狼たちが紡ぐ空間と時間に入り込みたいという気持ちをおさえられなくなっていく。

まずはエリスの行動の軌跡を追ってみよう。彼の冒険は、ある野生動物公園の、狼が放し飼いにされたフェンスの中で長時間過ごすことから始まる。なぜそんなことをしたのか、なぜそこまで狼に異様な関心を抱くようになったのかは、ここでは省く（というか、その部分だけは本を読んでもよく分からない）。とにかく彼は狼の群れと暮らしたい一心で、まず人工飼育下にある狼と仲よくなってみようと考えた。彼のこの試みは、彼の異常ともいえる忍耐力によって成功する。

はじめのうちは狼たちはエリスを警戒して近づいてこなかった。しかし一週間以上、毎晩フェンスの中ですごすうち、狼たちは彼にじわじわ近づき、彼がいた場所の臭いを嗅いだり放尿したりするようになった。そしてある日を境にその行動に大きな変化があらわれる。一頭の雄が彼のすぐそばまで来て臭いを嗅ぐようになり、そして突然、何の予告もなしにエリスの膝の肉に激しく噛みついたのだ。おそるべきことにこの狼は二週間、同じ行動をくりかえし、日々、エリスの膝や脛など身体のさまざまな部位を噛んでは闇に消えた。じつはこの行動は新入りが信頼できるどうかを試す狼なりのイニシエーションで、彼らは新しい仲間に脅威がないことを確かめていたのだという。このイニシエーションに合格し、信頼を勝ち取ったエリスは、ついに別の仲間のもとに案内され、群れの一員として受け入れられていく。

これだけでも十分理解不能かつ常識外れの行動だが、ただ、ここまではあくまで予行演習、本番の行動はそれからだ。人工飼育下の狼で成功した彼は、次に真の野生の群れを求めてロッキーの山の中に入り込むことを決意する。

一頭の狼として行動するため、エリスは持ち物を靴や衣類、ボトル、ナイフ、罠を作る道具、磁石、地図、非常食など最低限のものに絞って森に入った。熊に脅え、風雪と飢えに耐えて山中でのサバイバルをつづけ、最初の狼の足跡を見つけるまで二カ月半、声を聴くまで三カ月以上を要したという。そして四カ月経ったとき、ついに彼は初めて一頭の野生狼と出会う。それからというもの、その狼は、エリスが罠を仕掛けたり川で水を汲んだりしているふとした瞬間に、彼の前に姿を現し、じっと見つめるようになった。一カ月以上、そんなプラトニックな関係がつづくと、今度はエリスと狼は遠吠えを交わしあうようになり、狼はエリスの前に群れの仲間を連れてくるようにもなった。

親密度を徐々に深めていくエリスと狼の群れ。やがてエリスは野生動物公園のときと同様、膝を噛まれ、喉元に牙をあてられるといった手荒いイニシエーションを受け、それにも合格し、群れのボスである雌狼のもとに連れていかれた。雌狼は彼の姿を見ると、唸り声をあげて拒絶反応を示したが、ある日、彼の上にのしかかって咆哮したのを境に、彼女もエリスを群れの一員として認める。ついに彼は野生狼の群れから一員として迎えられることに成功したのだ。それ以降、エリスは夜になると狼の隣で眠るようになり、狼たちもまた狩りで仕留めた赤鹿の肉などを彼のところに持ってくるようになった。つまり彼は群れのもっとも弱い最下層員として狼たちに養われたのである。

エリスにおとずれた奇跡

この冒険のクライマックスは群れが繁殖期をむかえたときに訪れた。求愛期に入り気がたった雄狼たちは、ボスである雌狼の相手を決めるために決闘をくりかえした。雄たちの欲求不満は群れの最下層メンバーであるエリスに向かい、彼の身体は傷だらけとなり頭部への一撃を食らっては失神するという過酷な日々がつづいた。

エリスが限界をおぼえた頃、群れは繁殖のために彼のもとから姿を消した。一週間以上経ち、ふたたび群れが彼のもとに帰ってきたとき、群れには以前と同じような平穏な生活がもどっていた。やがて雌狼が身ごもっていることが明らかとなる。雌狼は群れから離れて出産し、赤ん坊に餌となる肉を運び始めた。ただ、雌狼のもとに近づけるのは大きな雄狼と若い雌狼の二頭だけで、エリスとほかの若い雄は巣穴への接近を認められていないので、赤ん坊狼の姿を見ることはできなかった。

そうした生活が何週間もつづいた後、ついに成長した二頭の赤ん坊狼が巣穴から出る日をむかえた。よたよたと近づいてくる赤ん坊狼。その姿を見た若い雄狼たちは信じられないほどの興奮を示し、先を争って赤ん坊に近づき、臭いを嗅ぎ、軽く突いて身体じゅうをくまなく調べた。

エリスが〈奇跡〉と呼ぶ瞬間がおとずれたのは、このときだ。エリスのもとに近づいた赤ん坊狼が、彼の顔を嚙んでは餌をくれとねだり始めたのだ。エリスに餌をねだったということは、この赤ん坊狼は巣穴を出た時点で人間であるエリスを群れの仲間として認識していたということであり、それはつまり、群れのほかのメンバーがエリスの臭いを巣穴に持ち帰り、彼もまた群れの一員であることを赤ん坊に教育していたことを示していた。自分が正真正銘、群れの一員となっていたことが、赤ん坊の仕草を介して証明されたのだった。

エリスのこの冒険は二年にもわたる長期なものとなった。彼の行動が人類の歴史上、誰一人として成しえなかった脱システム的行動であり、未知なる探検であったことは改めて説明するまでもないだろう。

彼の入り込んだ未知空間、脱システム的領域は、従来の冒険とはちがって地理的な性格のものではなかった。彼が到達したのは前人未到の領域ではあったが、地図の空白部のような地理上の特定の一点ではなく、あくまで狼たちが暮らす異境だった。同じロッキー山脈でも、そこには人間の視点で見た世界と、狼の視点で見た世界という異なる位相空間がパラレルに存在している。ロッキー山脈の森の小径をバックパックを背負って歩いても、人間の視点で見たロッキー山脈の森しか見ることができない。しかしその同じ森には、狼の群れによって営まれる、人間の視点で見る森とはまったく異なるシステム系で構造化された位相空間が広がっている。たとえ森の中に生えている木々や川の流れや棲息する動物の種類は同じでも、その両者の世界はまったく交わらずに併存しており、狼の群れによって営まれた森の空間に入り込むには、実際に狼の群れの一員となるしか方法がない。人間の視点で見るロッキーの森と、狼の群れが暮らすロッキーの森は、表面的には同じ自然環境で構成されているとしても、両者の間には目に見えないシステム的境界線が存在してお

狼の世界に飛び込んだショーン・エリス。狼たちと食事をしている。2007年撮影。

り、エリスはこの境界線を越えたのである。
　この視点は生物学者ヤーコプ・フォン・ユクスキュルの有名な〈環世界〉の概念を用いれば、より分かりやすくなるだろう。動物は種によって知覚や認知のメカニズムがちがっており、それぞれの知覚の仕方によって外界は異なる世界として立ち現れる。人間は比較的視覚に依拠した知覚世界に生きているが、コウモリは超音波で外界を知覚するし、タコにいたっては脚の一本一本に独立した知性があり、認知構造自体が人間には理解不可能だと考えられている。動物はそれぞれの知覚メカニズムに適応した別個の世界に組み込まれて生きており、それぞれの世界に対応した認知能力を有している。人間がタコの知覚世界を理解できないように、あらゆる動物はそれぞれの知覚メカニズムを超えた世界を理解することはできない。われわれはそれぞれの知覚メカニズムに縛られた限定的な世界に生きている存在にすぎず、今、目の前で展開している風景も、単に人間の知覚メカニズムが空間性と時間性に縛られているからそのように認識されるだけであって、別の動物の知覚メカニズムでは、同じ場所の風景がまったく別の様態で立ち現れている。つまりすべての動物はそれぞれ閉じられた環世界の中を生きている。

ショーン・エリスの試みは人間の環世界を越えて狼の環世界に入り込もうとする試みだった。もとより知覚メカニズムが異なる以上、完璧に狼の環世界に入り込むことはできないが、それでも人間の限界の先に進入した。彼は〈オオカミから彼らの世界について教えてほしかった〉と書いている。〈私は彼らの一員になりたかったので、もし私が彼らを支配しようとしたら、その願いは絶対叶わないだろう。生物学者にはそのことは絶対理解できなかっただろう。彼らはオオカミを学問の対象として研究し、しかも遠くから研究した。彼らは高性能双眼鏡のレンズを通してオオカミの行動を観察し、観察したことを人間の行動の理解に基づいて解釈しようとした〉。ここで彼が言及する生物学者の視点は人間の環世界(=システム)に縛られた者の視点であり、彼の冒険は生物学者のように人間のシステムの内部で活動する者には理解できない次元の発想で試みられた行動だったといえる。

服部文祥のサバイバル登山

次に紹介したいのが、登山家で作家でもある服部文祥(はっとりぶんしょう)の一連のサバイバル登山の試みだ。サバイバル登山はイワナを釣ったり鹿を狩猟したりして食料を現地調達しつつ登る斬新な山登りで、彼の一連の著作は行為からみちびき出される登山や命の本質を問う深い洞察に満ちている（P.115写真参照）。個人的には服部さん（知人なので、ここだけさんづけで）は昔からの知り合いなので、本の中でとりあげることに心理的な抵抗を感じないわけではないが、彼がサバイバル登山を通じて示してきた、古いようで新しい登山の試みは、じつは非常に脱システム的でもあって、到達的な視点に縛られた近代的登山とは一線を画する登山スタイルがあることを証明している。ここでとりあげるには格好のケースだ。

サバイバル登山を一言でいえば可能なかぎり自力で山に登ること、というものになる。事実、服部は著作の中で再三にわたりフリークライミング思想からの影響を述べている。

現代の多くの登山者にとってフリークライミングはスポーツクライミングとほぼ同義の、登攀行為における単なる一つの領野としてしか認識されていないかもしれないが、もともとフリークライミングは登攀技術の身体的な革命であるのと同時に思潮的ムーブメントとしての側面も強かった。

現代登山の歴史を詳しくふりかえる紙幅はないが、その要点を簡単に紹介すると、フリークライミングムーブメントが押しよせる前の登山界の岩壁登攀手法は人工登攀と呼ばれるやり方が主流だった。人工登攀とは岩壁にボルトを打ち込み、そこにアブミ（縄梯子）をひっかけて登る方法である。一九六〇年代から七〇年代にかけての人工登攀最盛期には、クライマーはオーバーハングした巨大な岩壁に大量のボルトを持ち込み、それをがんがん打ち込んで次々とルート開拓した。その結果、日本の大岩壁には一メートルごとにボルトが埋め込まれた、いわゆるボルトラダーと呼ばれるルートが所せましとできあがり、後続者たちは開拓者が開いたそのボルトラダーにアブミをひっかけて登ることを普通におこなっていた（有名人気ルートでは今もおこなわれている）。この人工登攀の発展によって困難な岩場が征服され数多くの偉大な登山が成し遂げられたわけだが、しかしその一方で、そもそも人工登攀には、岩壁に埋め込まれたボルトにアブミをひっかけて登っても、それは岩壁を登っていることにならないのではないかという身も蓋もない矛盾が内在していた。ルート開拓した初登者はいいが、後続者はボルトラダーにアブミをひっかけて登るだけなので、はっきりいえば梯子を登っているのとあまり変わりない。アルピニズムとは自力で未知なる困難に立ち向かう行為なのに、現実の人工登攀は自力性に乏しく、登攀というより創造性を失った肉体労働に近い作業になっている。しかもボルトは一度打ち込むと半永久的に岩壁に残り、環境的負荷も大きい。人工登攀で節操なくルート開拓がおこなわれた結果、日本の山の岩壁はボルトまみれになってしまった。

こうした登り方に対する反発から生まれたのがフリークライミングだ（発祥は米国のヨセミテの岩場である）。フリークライミングとは邦訳すると自由登攀。つまり身の回りから余計なものを排除し、己の肉体だけで岩壁を登ることを真髄とする登攀作法である。現実には、フリークライミングのルートにも墜落から身を守るためのボルトは打ち込まれているわけだが、しかしアブミを使わずに手足だけで登ることをルール化することで、フリークライミングは無節操な人工登攀に対する思想的アンチテーゼ性を明確に打ちたて、登山の世界に革命的といえる身体技法と倫理を生み出した。

服部のサバイバル登山は、このフリークライミングの思想を、より広く、登山のフィールド全体に押し広げようという試みである。現代登山はさまざまなテクノロジーに身を守られているが、サバイバル登山においては、そのような自分と山との間に余分な壁を作り出す装備は極力排除する。どれを排除し、どれを採用するかは恣意的にならざるをえないが（すべてを排除したら全裸で登ることになり、ただの変態登山になってしまう）、電池で動くヘッドランプや時計、携帯電話などは持っていかない。テントも山という環境から過剰に守られるので使用せず、野宿の際はタープという化学繊維の防水生地でできた屋根シートを使う。コンロも使わず、火は焚き火で熾す。〈自分で作り出せないものを使うのはフェアとは言えず「ズルい」という〉（『サバイバル登山入門』）というのが基本的スタンスだ。道具だけではなく登山道を登るのも極力避ける。登山道というのは山に元来あったものではなく、あくまで人工的なものであり、登山道を使うことは本来の山から己を遠ざけることにつながるからだ。

だが、なんといってもサバイバル登山の最大の要点は食料調達である。サバイバルと銘打っているように、持ち込む食料もコメや味噌など最低限にとどめ、あとは釣りで岩魚を獲ったり、山菜を採ったり、蛇や蛙を捕まえたり、鉄砲で鹿を撃ちとめたりして可能なかぎり現地調達するのがこの登山の極意だ。当然、こうした自給自足登山を実現するには、釣りや狩猟の技術の上達が鍵になる。魚を釣れず、鹿も獲れなければ、ただ腹を空かせて惨めに下山するだけだが、的確な技術を身につけ獲物を楽に手に入れられるようになれば、少ない装備で、より身軽に、理屈のうえではいつまでも山中を移動することができるようになる。その意味でサバイバル登山をおこなうには技術、知識、体力、経験とあらゆる面で自己の能力の開発と向上が不可欠で、出来あいの装備に守られた登山より、はるかに行為における自力性の割合が高まることになる。

生のままの山に、生のままの自分が登る。ゲストとして誰かの力を頼って登るのではなく、あくまで一個の生命体として山と対等に、フェアに対峙して生きて帰ってくるのがサバイバル登山だといえる。

過酷な冬期サバイバル登山

著書を読むかぎり、夏のサバイバル登山の白眉(はくび)はそのスケールと内容、野心などから二〇〇三年におこなった北海道の日高(ひだか)山脈全山ソロサバイバル(『サバイバル登山家』所収)ということになるだろうが、ここではサバイバル登山のどこが脱システム的なのかに焦点をあてるため、『狩猟サバイバル』に収められた南アルプスでの冬期サバイバル登山を見てみることにする。

サバイバル登山のフィールドを冬山に広げることにした服部は、狩猟免許をとって三シーズン目の二〇〇八年二月に初の本格的な冬期サバイバル登山をおこなった。舞台となる山域は南アルプス、目標は日本第四の高峰間ノ岳である。持参する食料は米だけ。テントも寝袋もコンロも持たず厳冬期に高山をめざすという、かなりラジカルなスタイルである。

この最初の冬期サバイバルは目論見どおりには進まなかった。入山してから二頭の鹿を狩ることに成功し、要所で食料を手に入れることはできたが、冬の寒さと予期せぬ大雪が、事前に期待していたような登山の可能性を服部から奪っていく。テントを持たず、焚き火頼みの服部は、サバイバル登山家ならぬルンペン登山家だと自嘲しながら廃屋を探しまわり、無断で宿泊して寒さから逃れようとする。下山も頭をよぎったが、それでも途中で目標の山を間ノ岳から笊ヶ岳に下方修正して登山をつづける。最後は雪が降りしきる高山でタープを張って一晩しのぎ、目標を笊ヶ岳の手前の布引山にさらに下方修正して、がむしゃらにラッセルし、なんとか布引山への登頂を果たした。

翌〇九年二月、服部はふたたびテント無し、食料限定のサバイバルスタイルで、今度は布引山のすぐ近くから入山した。この登山では二五〇〇メートル以上の高山地帯の真冬の稜線をテントなしで越え、二年越しの目標だった間ノ岳への登頂に成功した。

この二回の冬期サバイバル登山の中に、私は彼の行為の脱システム性が最も鮮やかに表現されているように思える。

　はっきりいえば、冬の布引山や間ノ岳は、ある程度経験を積んだ登山者にとっては、たとえ単独であろうとそこまで困難な対象ではない。たとえば一回目に登った布引山というのは、普通の登山者なら聞いたことのないような南アルプスの稜線上にある目立たないピークにすぎない。私は〈登頂を果たした〉と書いたが、そのような大仰な表現の似つかわしくない小さな山だ。しかし、このときの登山は〈登頂を果たす〉という表現にふさわしい内容をともなっていた。それはなぜかといえば、服部はサバイバル登山で脱システムすることで、この布引山という山が持つ真の山の荒々しさと向き合って登っていたからである。

　この冬期サバイバル登山における脱システム性は次のようなものになる。現代の軽量化されたテントやコンロやフリーズドライ食品を利用した通常の冬山登山スタイルが、いわばシステムの内側となる行為だ。この通常のスタイルで冬山に登れば二月の布引山や間ノ岳は目に見えない現代システムにおおわれるため、ある程度簡単に登れる。しかしこの通常の冬山登山スタイルというシステムにおおわれた布引山や間ノ岳は、じつは真の山の姿ではない。物理的存在としての山はまちがいなくそこに聳えているのだが、現代テクノロジーという目に見えないシステムにおおわれたせいで、本来の山が持っていた荒々しさが剝がれてしまっているのだ。テントを持つことで容易に嵐から逃れられるし、コンロがあればそこまで寒さを恐れる必要はない。服部はテントなし、コンロなし、食料自給というサバイバルスタイルを導入することで、この山をおおっていた現代システムの網を取り払い、山自体が本来持っていた本性をよみがえらせた。サバイバル登山で見えてくるのは、生の山が持つ本来の怖さや禍々(まがまが)しさだ。通常なら誰にでも登れそうな手垢のついた山々が突如、処女地同然の真のウィルダネスに姿を変えるのである。

二度目の挑戦で間ノ岳手前の池ノ沢小屋に入った服部は、間ノ岳をどのように登頂するか迷う。荷が重くなるのを覚悟で途中で一泊するか、荷を軽くして日帰り登頂を狙うか、選択肢は二つに一つだが、服部は雪の多い高山でテント無しで泊まるのが怖かったため、結局、日帰りで登頂を狙うことを決める。

出発の朝、彼は新たな死の恐怖を感じる。

日のあるうちに帰ってこられるかどうかが、大げさにいうと成功（＝生存）につながっている。好天なら一晩のビバーク（不時露営）くらい我慢できる。だがヘッドランプ（電灯）がないので、日没→露営→吹雪となったら、そのさきはどうなるかわからない。久しぶりにヒリヒリするような不安に包まれて、生きることに焦点が合っていく気がした。純粋な死の恐怖。

通常の冬山登山で持って行くことが当たり前になっている装備が、どれだけ頼りがいのある装備なのかがいまよくわかる。私は一〇時間後の夕方にここに戻ってきているのだろうか。

（『狩猟サバイバル』）


この表現を大げさだと、私は思わない。それは通常のスタイルで守られた登山では決して見えてこない山の恐怖である。通常の登山では軽量テントと軽量食品とヘッドランプがあるので途中で一泊するのはさして煩わしいことではないし、日帰りアタックするにしてもヘッドランプを使えば暗くなってもテントにもどってこられるという安心感がある。しかしサバイバル登山ではその守られた状況がない。装備に制限がくわえられていることで、守られた環境がとり払われてしまっている。むき出しの冬山の中に飛び込み、状況が悪くなる前に安全地帯にもどってこなければならないことを思うと、行動を起こす際の心理的ハードルは格段にあがる。こうした恐怖を呼び起こす存在こそ、システムの網がとり払われ、本性がむき出しとなった生の山だ。スタイルを少し変えただけで山は一気に大きくなり、行為判断は難しくなり、山本来の恐ろしさがあらわとなる。同時にその裸の山と対峙することで、一人の人間が山に登ることの真の意味も明らかとなるのである。

さきほど紹介した『狼の群れと暮らした男』とサバイバル登山では、同じ脱システム的行為ではあるが、明確なちがいが一つある。『狼の群れと暮らした男』は、狼の群れという特殊な対象に入り込むことで、脱システムを達成していた。つまり対象ありきだ。しかしサバイバル登山の要点は対象ではなく手法だ。方法論を研ぎ澄まし、確立することによっても脱システムは可能だということをサバイバル登山は証明している。手垢のついた山が処女地に変わるということは、従来の近代登山や探検の世界がこだわってきた地理的な未踏性や到達至上主義が、一気に無意味化されてしまうということでもある。

最初の冬期サバイバル登山でなんとか布引山にたどりついた服部は、その山行を次のような言葉でしめくくっている。

> 長年それなりの登山をしてきたつもりだった。だが、いざ装備と食料の多くをザックから抜いたら、私が二月に登れる山は布引山二五八三メートルだった。
> （前掲書）

服部はサバイバル登山を始める前も冬期知床半島縦断、カラコルムK2登頂、厳冬期黒部横断などの登山でならした実力派だが、その実力派登山家の力をもってしても、テント、燃料、電気製品、食料を持たずに行けば布引山程度の山しか登れなかった。その事実にこそサバイバル登山の脱システム的性格がよくあらわれている。

極夜の探検

最後に三つ目の脱システムの例として、手前みそではあるが私自身の極夜の探検についての話をしよう。

自分自身の行為を脱システム的冒険の代表例としてとりあげるのは多少憚られるが、こうまでくどくど冒険について偉そうに語っておきながら自分では何も行動を起こしていないと思われるのも嫌だし、それにこの極夜の探検は実際に地理的な到達に縛られない脱システムをめざしておこなった旅でもあったので、この旅のどこが脱システムであったのか、正直いってその構造を自分で解説したくて仕方がない、ということもある。

極夜というのは冬の北極圏と南極圏に特有の現象で、まる一日以上、太陽が昇らない現象をいう。極地では夏になると太陽が沈まない白夜となるので、要するにその反対バージョンだ。逆のいい方をすれば、北緯（南緯）六十六度三十三分以北（以南）の極地圏では必ず一年のうち一日以上極夜と白夜が訪れるわけで、極夜と白夜が訪れる地域が北極であり南極であるという定義も可能である。

極夜は緯度が高くなればなるほど期間が長くなり、また太陽が地平線の下に深く沈むことになるので、期間の長さとか実際の闇の深さとか、いろいろな面でより暗くなる。たとえば同じ北極圏でも、北緯六十九度〇七分のカナダ・ケンブリッジベイでは冬至を境に一カ月ほどしか極夜にならないし、極夜の期間中も正午前後は太陽がかなり地平線に近づくため、昼間の四、五時間は十分に視界が得られるほど明るくなる。しかし緯度を九度ほど北にずらし、グリーンランド最北の村、北緯七十七度四十七分にあるシオラパルク（P.121地図参照）になると、極夜期間は一気に百日以上に延び、冬至前後になると正午に南の空がわずかに青く染まる程度の明るさしか得られず、事実上、一日中夜の日がつづく。そして北緯九十度の北極点になると、そこはもう一年のうちの半年が極夜で半年が白夜、つまり日の出と日の入りが年に一度ずつしかないという極端な状況になる。

極夜の探検というのは冬の北極という地理的空間を探検するのではなく、極夜という長い夜そのものを探検の対象にして洞察しようという試みだった。私がこの極夜の探検を思いついたのは二〇一〇年のことだ。近年こそ毎年のように北極圏に出かけているが、じつはそもそも北極に通うようになったのは北極という地域より極夜に関心があったからで、極夜という長い夜があるからこそ北極に行くようになったのである。私の北極通いは、はじめに極夜ありきだった。

極夜に関心を持ったのは単純な理由で、そこがどんな世界か想像がつかなかったからである。われわれ日本人を含めて、多くの人類は昼間に必ず太陽が昇る世界に住んでいる。しかし極夜の時期の北極は三カ月も四カ月も夜がつづき、その間、世界は漆黒の闇にとざされる。まず、この環境自体が私には想像できなかった。それにそこに住んでいる人たちがどのような暮らしをしているかも想像できないし、実際に自分が極夜にどっぷり漬かったらどういう精神状態になるのかも想像外である。つまり想像できないことばかりで、極夜世界は私にとっては完全に根源的な未知の世界だった。

そして何より知りたかったのは、この長く果てしない闇の世界を旅して最初に昇る太陽を見たとき、人間は何を思うのかということだった。異様に感動するかもしれないし、意外と何も感じないかもしれない。古代人みたいに太陽を崇める気持ちになる可能性もある。

いずれにせよ、もし極夜世界を深く旅することができれば、最初に昇る太陽を見た自分の心象風景の中に、それまでの長い極夜の極夜性が反映されるんじゃないかという予感が、私にはあったのである。

根源的未知と書いたが、未知には表面的未知と根源的未知の二種類があると私は考えている。表面的未知というのは、多少大雑把な括りにはなるが、たとえば二〇一八年現在における未踏峰登山のような類の未知のことである。現在でも未踏峰はあるし、誰にも登られていない以上、そこは未知の場所であるが、すでに書いたように登山はジャンル化されて行為としてはかなり開かれているし、未踏峰といっても、たとえばヒマラヤならヒマラヤ、アンデスならアンデスといった土地そのものが持つ未知性は現在ではほぼ失われている。その意味では未踏峰自体は未知だとしても、その周辺はおおむね既知にとりかこまれているので、その未知性はかなり限定されている。それに対して根源的未知とは、狼の群れの中で暮らすとか、十九世紀末にナンセンが漂流した北極海とか、その行為をとりまく全体状況そのものが未知である場合をいう。自然環境も方法論も分かっておらず行動様式のジャンルも開かれていない、そうした位相空間そのものが未知のケースだ。極夜世界に私はそうした根源的な未知の可能性を感じた。

実際に極夜は多くの人にとって未知そのものだと思う。白夜は比較的よく知られているが、極夜というのはほとんどの人にとってあまり馴染のない言葉だ。よく考えたら白夜がある以上、その反対の極夜があるのは当たり前なのだが、北極では冬になると太陽が昇らないんですよと話すと、えーっと驚く人もいるぐらい知られていないし、それどころか極夜を〈きょくや〉と読むことを知らない人も案外多い。

極夜が多くの人にとって初耳なのは、誰も好き好んで極夜の暗い極地になんか行かないからである。極地探検史を紐解いても極夜の真っ只中で旅をした例はあまりない。

十九世紀後半から二十世紀前半にかけてナンセン、アムンセン、スコット、シャクルトン、ピアリーら英雄たちが活躍した極地探検全盛時代は、極点到達をはじめとした地理的到達が探検の至上命題だった。そのため、暗闇が障害となり移動が困難な極夜の時期は避けるのが当然で、冬は船や小屋の中で春や夏の探検に向けて準備にいそしむ時期だった。この時代の例外としては、ピアリーが一八九八〜九九年にカナダ・エルズミア島北部（北緯七九度三十分から北緯八十一度四十四分）で北極点到達行のための物資をはこぶために犬橇旅行を敢行した例（この章の冒頭で触れた、凍傷で足の指の八本を切断した旅行だ）と、一九一一年に英国のスコット隊が真冬の南極（南緯七十七度から七十八度付近）で、コウテイペンギンの卵を手に入れるため四十日ほどの旅行をおこなった例しか、私は知らない。

現代に入ってからは植村直己が一九七四〜七六年にかけて行った北極圏一万二千キロの旅の途中で二度、極夜を経験しているほか、南アフリカの冒険家マイク・ホーンが北極圏一周の冒険の途中でカナダ・バフィン島で極夜越えし、後年、ノルウェーのボルゲ・オウスラントと組んで極夜時期に北極点到達行をおこなっている。ただ、これら現代の冒険のほとんどは緯度の低い、あまり暗くない地域で極夜を越えているか、あるいは最も暗い冬至近辺の時期を避けておこなわれており、時期や緯度を考えると、一世紀前のピアリー隊やスコット隊の探検のほうが極夜的には価値が高かったといえる。私の狙いはこのピアリー隊やスコット隊と同じぐらい暗い極夜の真っ只中を旅して、そして最初に昇る太陽を見ることだった。

さて、本書の内容で重要なのは、この極夜の探検が構造的にどのように脱システムになっているかを示すことである。極夜の探検の脱システム性は単純だ。われわれは一日に一回、太陽が必ず昇る世界に住んでおり、そのことを自明の前提として受け入れて暮らしている。生活のすべてが昼間に太陽が昇り、夜は太陽が昇らないことを前提に組み立てられている。そもそも一日が二十四時間であること自体が、太陽の運行がもとになった時刻制度である。また人類は基本的に昼行性で活動の大半を昼間に終わらせる習性があるため、学校や会社の就業時間など主な活動の大部分は、昼の明るい時間を中心に設定されている。登山なんかでも暗くなると危険が増すので、通常は明るいうちに行動を終えるように計画する。そういうところを見ても人間の活動の根本は太陽に支配されていることが分かる。また、セックスや犯罪行為等の人目を避けてこそやるべきような事柄は太陽が不在の暗い夜におこなわれることが多く、これも逆の意味で太陽支配を裏づけている。

その一方で、現代ではネオンや街灯、LED照明などが発達し、原始人や古代人ほど夜の闇に対して恐怖を感じることが無くなり、一晩中繁華街で賑やかにすごすこともわりと普通におこなわれている。テクノロジーにより闇の恐怖が駆逐されたせいで、われわれ現代人は、太陽に依存していながら、普段の生活で太陽のありがたみを感じる機会が失われてもいて、日の出や日の入りをあまり意識しなくもなっている。大雑把に概観すると、われわれはこのように太陽があり、昼と夜があって、人工灯により闇の恐怖と光のありがたみが薄れつつある世界に住んでいる、とみなすことができるだろう。それは、われわれ現代人が太陽や昼や人工灯がある環境に生活を適応させているということであり、さらにいえば太陽や昼や人工灯がわれわれの生活を管理し、統御し、方向づけしているということでもある。つまり太陽が昇り、人工灯が闇を駆逐している生活環境が、われわれの生活を成立させているシステムとして起動している。

極夜を探検するということは、この太陽&人工灯的世界を脱システムして、外側に飛び出すということだ。二〇一六年十一月に私はグリーンランド最北の村シオラパルクに向かい、十二月六日に村を出発した。冬至前後の深い闇の中、氷河を登り、内陸氷床を越え、ツンドラの大地を越えて北に向かった。この旅の実現のために私は四年の歳月を費やして準備を進めたが、実際の極夜世界は混沌の極みにあり、旅はまったく計画どおりにいかず、想定外の事態が発生しては絶望することの連続だった。それでもなんとか極夜の闇のかなり深いところに達し、最後に信じられないほど強烈な太陽の光を浴びて、私は八十日間の旅のすえに村、すなわち人間界に戻ることができた。

天体を頼りに

事前の予想どおりに行かなかったのは、旅の行程だけにとどまらなかった。探検ではシステムを脱し、システム外の領域を調査するわけだから、必然的にシステムの中にいては見えないことが見えてくるわけだが、この極夜の探検では予想以上にさまざまなことを発見することとなり、極夜に対しての洞察は期待していた以上に深いものが得られたと思う。

くりかえしになるが、われわれは人工灯やテクノロジーにより太陽や月や星、あるいは闇の恐怖が、生活の中で本質的ではなくなったシステムの中で生きている。だとすると極夜の世界に脱システムするということは、太陽や月や星や闇が本質的な意味を持つ領域に入り込むということでもある。たぶん極夜世界を旅すれば、現代人が失ってしまった天体や闇との関係を再発見することになるだろうなと、そこまでは想定の範囲内だったのだが、実際の極夜の旅では、太陽や月、星、闇の意味が私の事前想定をはるかに超えるレベルの意味を持って立ち現れたのだ。

村を出発してから私は一週間かけて氷河を登り、それから内陸氷床という、それこそ雪と氷しかない白い砂漠をひたすら直進した。その際、方角を保つために頼りになるのが天空で輝く星々だった。一日の行動が始まると、まずコンパスで進行方向の角度を測り、適当な位置にある星をめざしてその方角に歩きつづける。星は反時計回りに移動するので、適宜、目印の星を変えて直進をつづける。星というのは輝きや色や星座の形状にちがいがあってそれぞれに個性があるうえ、このときの私にとっては針路を示す非常に切実な存在でもあったので、一日中星を見つめて行動していると私の内面で星についての物語が生まれてくる。〈私たちはこういう素性の者です〉といった星々の語りがおのずと頭に浮かんでくるのだ。たとえば琴座のベガは白く輝く美しい星で、かつベガのある方角から冷たい風が吹くことが多かったので、私には冷酷で美しい雪の女王に見える。あるいは駅者座(ぎょしゃ)のカペラは大きくて明るい星で、駅者座の五角形を形作っているうえ、その下にオリオン座という非常に力強い武力を想起させる星座をしたがえているため、星の世界の王や政治的権力者のように思えてくる。

星よりも私の命運をにぎっていたのが月だった。太陽のない闇夜では月光は圧倒的に明るく、月は文字どおり極夜を支配する太母として君臨している。しかも月の高度は日々目に見えて変わり、明るさも大きく変化するため、月が満ちていくときはどんどん明るくなるので私の精神状態も上向きになるし、月が欠け始めて世界が暗くなっていくと私の心もずぶずぶとどこまでも沈んでいく。

精神状態だけではなく、月は私の現実的な行動も支配した。無人小屋への到着や氷床の下りなど、行程のところどころにある要所や悪場では明かりが必要なので、満月の明るい時期にたどり着くように行動を計画する必要があった。さらに新月前後の九日間ほどは、月は地平線の下に沈み、月明りも無くなるので、行動はきわめて困難になる。しかも困ったことに月は太陽ほど明るくない。こっちとしては月明りしか頼りになるものがないので、満月になって雪面が白くぼわーっと光るとなんでも見えているような気になるが、じつはそれは錯覚で、月明りを信じて直進したらずぶずぶの軟雪帯にはまったり、急な上り坂だったりと、ひどい目に遭うことも多かった。私は月にすがり、月に翻弄され、月に裏切られるうちに、ほとほと疲れ切って、月が支配する極夜の闇の世界が心底嫌になっていき、太陽を渇望していったのだった。

旅の間、天体は私にとって生存にかかわる本質的な存在でありつづけた。こうした天体や闇とのかかわりは、極夜世界に脱システムしなければ絶対に分からなかった自然と人間との忘れられた関係だったように思う。自然と人間の忘れ去られた関係とは先史人や古代人が見ていたような宇宙であり、その宇宙の片鱗を文献や民族調査で知るのではなく、実体験として経験するということだ。先史人や古代人は太陽や月や星や闇が本質的意味を持つ世界で生きていたが、極夜探検の間は私も、彼らが見て感じていたような太陽、月、星、闇を、同じように見て、感じることができていた。つまり現代人が閉じ込められた環世界を脱して、先史人的環世界に入り込んでいたようにさえ思えた。

極夜探検は脱システムという観点から見ればかなり成功した旅だったと自己評価しているが、この探検が成功したのは、どこに越えるべきシステムの境界線が存在するのか、見極められたことが最大の要因だった。つまり太陽の運行という天体運動が人間の認識や行動を方向づけるシステムであり、その太陽のある世界と極夜の世界の間に境界があるという視点を持てたことによって、私は極夜という地理的ではない〈現象〉を探検の対象にすることができたのである。

私自身、極夜探検以上に脱システム的なテーマが今後見つかるかと問われれば、正直、あまり自信はない。脱システムという冒険はそんな簡単にできるものではなく、生涯でひとつ、いいテーマが見つかるかどうかの難しい課題なのだと思う。

第5章

冒険と自由

極夜が終わり、久しぶりに昇った太陽。
80日間におよぶ暗黒世界の探検が終わった。
2017年、シオラパルクの北にあるメーハン氷河付近にて著者撮影。

さて、ここまで私は冒険の構造にメスを入れることでその脱システム的な性格を明らかにし、現代においてなぜ脱システム的な冒険が難しくなってきているのかを検討してきた。しかしここまで読んだ読者の中には「冒険が脱システムでそれが今では難しくなっているることも分かった。しかし脱システムができないのなら、別に無理してやる必要なんてないいんじゃないの？　これからの冒険はスポーツの一種だと割り切ればいいんじゃないの？」と思う人もいるだろう。

だが、ここまで力んで議論を引っ張ってきたことからも想像できるように、私は脱システムすること自体に価値がないわけではないと思っている。そこで最後に、脱システムした冒険者はどのような状態に置かれ、そこでどのような変化を体験するのかといったことを示し、もし冒険に価値があるなら、それは何なのかということについて考えてみたい。ポイントは冒険の批評性と、自由という概念だ。

冒険の批評性

冒険が批評だといわれても、多くの人は、はい？　と首をひねるかもしれない。批評というのはあくまで言論活動であり、身体の行動である冒険とは行為形態が異なるように思えるからだ。しかし冒険にはまぎれもなく批評的性格がある。それもかなり挑発的な批評性だ。

何度もいうが冒険とは脱システムであり、脱システムするためには、システムの性格や特質を自分なりにとらえ、そのシステムがどのあたりまで根を張っているのか、限界ラインがどのへんにあるのかを見極めなければ、越えるものも越えられない。ほとんどの冒険者はこれを意識せず直観でやっているが、意識的だろうと直観的だろうと、その行動が脱システムになっているかぎり限界ラインの見定めは必ずおこなわれている。

たとえば極夜探検では、現代社会では太陽が運行することを前提に生活が営まれている一方で、人工照明が発達して夜の暗さが薄れ、太陽のありがたさや闇の怖さが感じられなくなった世界に生きており、それがシステムとして起動しているという認識があることが前提になっている。こうしたシステムに対する理解があって初めて、極夜という太陽のない世界こそ太陽のある現システムの外側であり、そこに到達することで現代システム内では失われた太陽のありがたみや闇の恐ろしさを経験できるだろうとの発想が生まれる。

このように脱システムするためには、われわれが暮らす日常がどのようなシステムの管理下にあるのかを、まず自分なりに見通すことができていなければならない。こうした認識や直観をもとに冒険者は境界を越えて脱システムし、そして無事、システムの内部に帰還した後に、自分が経験した冒険のあらましを文章やら動画やらで報告する。

重要なのは、ここである。帰還した冒険者が公衆に対して何を報告し、どのようなことを明らかにするのかちょっと考えてみよう。脱システムした冒険者は境界を越えてシステムの外側に出ることで、外側からシステムの内側を見るという視点を獲得している。月に向かったアポロの乗員が地球の丸い輪郭線を目の当たりにしたのと同じように、外側に飛び出した冒険者も内側を眺めることで、必然的にシステムの境界線を発見する。そして帰還した冒険者が公衆に向かって報告するのは、冒険の成果だけではなく、じつは彼が外側から目撃した現代システムの全体像でもある。というのも冒険を報告するということは、とりもなおさず冒険によって越えられたシステムの境界線を明示することでもあるからだ。普段は見えてないけど、じつはここにシステムの境界線があって僕はここを越えたんですねと示すことで、冒険者は現代システムの限界と内実をさらけ出すのである。つまり冒険には、外側に出ることで内側にいるだけでは気づかないシステムの現実を明らかにするという性格があることになる。システムの内側にいる者は、システムの外側に出た者の行動を知ることではじめて、システムの限界がどこにあるのかということ、いやそれ以前に自分たちがそのようなシステムの管理下にあったことにはじめて気づかされる。それが冒険の批評性である。

そのことをもう一度、極夜探検を例に示してみよう。極夜の世界で私は北極星や月の光にすがるようにして旅をした。しかし月の光は明るいようで太陽の光ほど完璧ではないので、惑わされるし、月の光を信じすぎたせいでドツボにはまることも多く、そのうち月に対して呪詛(じゅそ)の言葉を吐くようになる。そして闇の中での彷徨(ほうこう)を始めて一カ月以上経ち身体も衰弱してくると、心身ともに疲弊して闇に対して恐ろしさを抱くようになる。しかし、そういうふうに月や闇に苦労させられたからこそ、太陽が昇ったときに想像を絶するような開放感を味わうこともできる。要は極夜の世界で私は天体や闇という自然物に生かされもするし、殺されもするという状況を経験したわけだが、おそらく私の旅の報告を読んだり聞いたりした人は、自分たちはこういう経験をしたこともないし、想像したこともなかったなぁという感想を抱くと思う。つまり私は極夜というシステムの外側に飛び出し、外側から内側を照らすことで、内側にいるだけでは気づかなかったシステムの限界、つまりこの場合、天体や闇や光というものに本質的な反応を示すことができなくなった現代人の自然との断絶ぶりをあらわにすることになるわけだ。

このように、すべての冒険は、それが冒険であるかぎり脱システムしているわけだから、同じような批評性をかねそなえていることになる。

ショーン・エリスは狼の群れの中で暮らし、狼の視点を獲得して狼を語ることで、遠くから双眼鏡で眺めて狼の行動に人間の基準をあてはめるだけだった生物学の研究の限界を明らかにした。そしてそれは生物学云々という狭い世界だけにあてはまる話ではなく、この世界には人間が認知している世界とは異なる世界がパラレルに存在していること、われわれが知りえている地球や宇宙が決してすべてではなく、そのほんの一部にすぎないことを身体的な経験として提示した。また服部文祥は、現代のテクノロジーに依存した登山スタイルでは自力性が乏しいと考え、そのような登山を自分がおこなっていることに我慢ならずサバイバル登山を始めた。このサバイバル登山自体が、生きることというのはほかの生き物を殺し、その肉を食べることにほかならないこと、そして人間にはそうした原罪があることをあらためて明らかにし、そのことが他者を殺して生きていることへの意識が希薄になった現代社会システムへの強烈な警鐘になっているのである。

先鋭的なクライマーがヒマラヤの氷壁に一本の美しい登攀ルートを描いて登頂するとき、その行動もまた鋭い批評表現になっている。たとえ言葉で描写されなくても、クライミングをしない人には分からない世界であっても、そのクライマーが描いた一本の線の中には彼の世界観や、彼が見出した山や、彼がその山を手に入れるためにつづけてきた努力や、彼の思想そのものが込められており、ほかのクライマーはそのルートを見ただけで、それらが分かる。と同時に、その登攀を成しとげたクライマーには対他者的な視点もあって、自分の登攀を知ったときにほかのクライマーがどのような意味を見出すかも予期しているだろう。クライマーは抜きん出た登攀をすることによって、抜きん出た登攀をした者としての自分をほかのクライマーに対して定位し、抜きん出た登攀をしなかった他者の限界を明らかにし、批評するのだ。

冒険とは批評的性格をかねそなえた脱システムという身体的表現である。そして冒険という批評行動はリアルな経験そのものなので、ロジックや修辞に頼らざるをえない言論による批評よりも強いインパクトをあたえることもできる。

同時に、冒険に批評的性格があるということは、冒険が社会性の非常に強い行為だということでもある。

今述べたように、冒険とはシステムの外に飛び出すことで、システムの内部を外から客観的に見つめて、その限界を明らかにする批評的性格を持った身体表現である。一言でいえば、ほかの人間に対して自分だけが飛び出す、自分だけが先に行くという行為だ。自分だけ外に飛び出すことによって、冒険者は「私は飛び出したけど、その飛び出した私について、あなたはどう思う？　そして飛び出さない自分たちについて何を思う？」と、飛び出さない者たちに対して挑発的な問いかけを発しているのだ。こうした行動に出る者に、飛び出さない他者たちに対する視点がないわけがない。

　そして、このような公の空間での他者の目を気にした批評的性格を突きつめていくことで、冒険することの意義も見えてくる。

冒険における自由

　冒険の社会的意義とは何か。

　そのことを考えるために、まず脱システムすることで冒険者がシステム内部と比べてどのような異質な世界を経験しているのかを考えることにしよう。

　ナンセンのように北極海を漂流したり、ショーン・エリスのように狼の群れと暮らしたり、私のように極夜の北極を彷徨（さまよ）ったりと、一口に脱システムといってもさまざまな冒険のあり方があり、これらの行動で冒険者が経験する状態を包括的にいいあらわすことは難しいように思える。だが、じつはそんなことは全然無くて、冒険者が脱システムして経験する状態は、ある一つの概念によってまとめることができる。それが自由の概念だ。

自由とは何かについては一般的にさまざまな哲学的定義があると思うが、ここでは私は専門外ということもあるので、そうした哲学的定義は思い切って無視して、冒険論的に自由とはどのような状態にあることなのか、自分の経験のみから定義したい。

冒険における自由とは何か。それは自分の命を自力で統御できている状態のことである。

この自由の定義は、サバイバル登山について検討する際に少し触れたフリークライミングの自由とほぼ同じと考えていい。フリークライミングとは、それまでのボルトとアブミを使用した肉体労働のような人工登攀への反発から生まれた、己の肉体だけで岩壁を登ることをめざした登攀作法である。ボルトとアブミを使えば天井のように張り出したオーバーハングの壁を登ることも不可能ではないが、しかしたとえ壁を登れたとしても行為としての自由度は低い。なぜなら人工登攀では肉体と精神という自分にもともと備わっている能力以外の道具を使って壁を登っているからである。すべて自分の能力だけで登攀をコントロールしているわけではなく、道具による手助けを受けているので、それが行為の自由を侵しているのだ。ところが、フリークライマーにはこうした道具による束縛はないし、行為を制限する限界もない。技術を高めれば自分の身体一つでシンプルに、理論上はどこまでも無限に登っていける。岩壁という困難に対して肉体一つで向かいあったとき、その人は自由になれるのである（と書くと私がものすごいフリークライマーだと勘ちがいするかもしれないが、私にフリークライミングの技術はほとんどない）。

冒険者は脱システムすればするほど、これに近い自由の状態を経験することになる。システムというのは人間の行動や思考を方向づけする無形の体系なので、システム内部にとどまると否応なしにシステムによる管理を受ける。しかし冒険して脱システムすれば、このシステムによる管理から逃れて、それだけ自由な状態を経験することになる。不安定な自由状態の中で冒険者は、システムの保護によってではなく自分の力で命を管理して安定させる努力をしなければならない。生きながらえるために、その瞬間瞬間の出来事や状況に対峙し、自ら適切に判断して物事を処理していかなければならなくなる。

そう考えると冒険の自由とは、すべて自分で考え、決定し、行動を組み立てていかなければならない自由だといえる。脱システム的世界には前例や方法論はないので、参照するものが存在しない。現代エベレストツアー登山のように登頂までのマニュアルもなければ、手伝ってくれるガイドやシェルパによる固定ロープの設置といった事前のお膳立てもありえない。誰にも干渉されず、束縛を受けず、指示されないぶん、自分の命を、生きるという時間そのものを自分だけで作りあげなければならず、そこにはシステムの管理のもとでは決して得ることのできない圧倒的な生の手応えがある。それが脱システムすることによって得られる自由だ。

ただ、この自由な状態は、自由という言葉のイメージから喚起されるような、ひたすら前向きで無制限なものではない。一般的に自由という言葉には勝手気儘にふるまうといったお気楽なイメージがつきまとっており、今の若者は行きすぎた自由を享受しているなどと年長者たちから批判されることもある。だが、冒険で実現される自由の観点からすると、こうした自由という言葉の使われ方は、どこか本質からずれているように感じられる。なぜなら今述べたように、自由とは混沌とした不確定状態の中ですべて自分で判断して道を切り拓いて命をつむいでいく状態である。もしこうした自由が行きすぎたら、その責任は自分にはねかえってくるわけで、普通はその重さに耐えかねて逃れようとするからだ。つまり行きすぎた自由を享受するという状態は、真の自由を知っている者からすると、きわめて恐ろしい状態だといえる。

真の自由とは、世間で考えられているようなお気楽な状態ではなく、じつは苦しく、わずらわしく、面倒くさくて、ときには不快でさえある状態のことだ。先の読めない未知と混沌の中ですべてを自分で判断して物事を進めるのは、言葉でいうほど気楽で生易しいことではない。はっきりいって、システムの内側の世界に留まって自分以外の者に管理と秩序をゆだねたほうが、不自由ではあるが、不安も少なくて楽だといえる。人間には生物として命を脅かすような不確定要素をとりのぞこうとする本能があるので、システムの管理下におかれたほうが心は落ち着くだろう。

それに自由には必ず責任がともなうが、この冒険の自由における責任のとり方もかなりシビアなものがある。冒険である以上、一歩でも判断をまちがえれば自分の命が失われてしまう危険があるわけで、要するに冒険の自由の対価は死、なのだ。

自由であることの責任は命で償わなければならない。冒険で脱システムしたら、すべて自分で判断してオリジナルな自分の生をつくりあげる喜びを得られる一方、判断ミスは致命的な事態を招く。そのとき、その場の一瞬の判断、一瞬の動作が、自分の生死を分ける。この極度の緊張感の中で達成されるのが冒険の自由であり、自由に対する責任である。極端なことをいえばそういうことになる。もちろん物事には濃淡があって、必ずしも冒険の現場で少しでもミスしたら即死ぬというわけではなくて（もしそうなら私など今まで三十回ぐらい死んでいなければならない)、現実には多くのケースでなんとかなるものだが、それでも常にミスしたら致命的事態に陥る可能性がある環境にいる、ということはいえる。このような死に直面した環境の中で、一瞬の判断や動作が自分の生存につながっていくのだから、その生の手応えは管理されたシステムの中では得られないほど濃密になる。

自由と自力の関係

このように冒険における自由とは自力で命を統御できている状態のことである。したがって、より高度な自由を得るためには、自力度を高めればいいということになる。自力は自由を達成するための決定的な契機なので、自力を詳しく考えることで自由とは何なのかということを、角度を変えて考えることができる。

冒険活動において自力とは自由を高めるための手段にほかならない。冒険者がシステムの外側に飛び出し、未知なる混沌とした領域の中で自由を感じることができるのも、そこには前例やマニュアルが存在せず、すべて参照物なしに自力で対処しなければいけないからだ。

だが現実には自力や自由には制約がある。たとえば、今までの議論からすれば、すべて完全に自力でおこなえば完璧な自由を享受できるということになるわけだから、極端な話、パンツ一枚はかず、すっぽんぽんの全裸になってエベレスト登頂に挑むというような行為こそ究極の自由ということになるだろう。しかし、そんなことをすれば実際にはものの一時間で死亡してしまう。そこで現実的にエベレストに登頂するために、人間はさまざまなモノを用意し、やり方を開発してきた。暖かい防寒衣、耐風能力の高いテント、使いやすいコンロなどを用意し、低酸素状況に対応するため酸素ボンベも持ち込んだ。また極地法を採用して、人員や物資を大量動員してキャンプを一つ一つ作りあげていく軍事作戦のようなやり方も開発した。

ところが、このようにモノや人員や過剰な方式が採用されると、より安全になり、登頂が近づく一方で、一人の人間における行為の自由度が下がるという矛盾が発生する。酸素ボンベを使うことで登頂は可能になるが、それは人工登攀におけるボルトやアブミと同様、行為の自由度を減らす足枷をつくることにもなる。軍隊方式で大量の人員が遠征隊に採用されたことで、現実のヒマラヤ登山ではただ物資をはこびあげる肉体労働で遠征を終える隊員も現れた。また、GPSが登場すれば、便利さや安全性と引き換えに、自分で判断しないで機械にナビゲーションを任せるというジレンマも生まれる。このようにモノや過剰なやり方をどんどん採用すると便利で安全にはなり、目標の達成には近づくかもしれないが、そのぶんそれらのモノや過剰なやり方がさまざまな点で行為者本人の行動を管理し、縛りつけて、限界を生じせしめるため、自由度は薄れてしまうのである。

冒険の自由を考える際に難しいのはこの点だ。モノや過剰なやり方と、行為の自由度は完全にトレードオフの関係にある。目標の達成を最優先し、モノや過剰なやり方を無節操に採用すれば行為の自由度は犠牲になる。一方、自力性を高めてより大きな自由の中で行動しようと思えば、行為は格段に難しくなり、目標は達成できないかもしれない。どっちを重視するかで行為の中身はまったく変わってくる。サバイバル登山をみればそのことがよく分かる。自力度を高めると命をコントロールする過程に自分が関わる領域が増えて、自分以外の要素に管理される割合が減り、非常に自由な登山を展開できるが、行為は確実に難しくなるため、冬の布引山に登るのも命がけとなる。

ひとつだけ断言できるのは、自力性を増し、自由になればなるほど行為は困難になり、内容は濃いものとなるということだ。冒険の世界で自力という観念が尊ばれるのは、こうした理由による。自然というのは無垢で混沌とした人智のおよばないカオスとしてそこにあり、その不確定的なカオスに、自分の判断や身体行為をゆだねてしまうような道具や機器を持ち込まずに身一つの状態で対峙することで（つまり自力で）、冒険者はより大きな自由を得ることができる。

ただ、最近では冒険のスポーツ化が行きすぎて、こうした自力と自由の関係は正確に理解されていないのではないかと思われることがないでもない。

たとえば北極や南極の極地探検の世界では、〈無補給単独徒歩到達〉といったように無補給や単独や徒歩といった言葉が自力性を示すスローガンとして使われることが多い。ところがその一方で、なぜかＧＰＳのような機械は無批判に使用されつづけている。本来の自力の観点からいえば、ＧＰＳのような機械はナビゲーションに関する判断をすべてゆだねるわけだから、これを使っただけで行為は管理され、自力度は極端に下がる。だが今の冒険界の感覚では、ここは全然問われないのだ。また近年は登山の世界でも、スマホに搭載されたＧＰＳを使って登ることがあたかも安全に登るために守らなければならないマナーであるかのように推奨されているが、この論議においては、なんのために山に登るのかという観点が忘れ去られている。地図を見て周囲の地形と照合して現在位置を判断することは、登山の自力性にかかわるかなり根本的な部分のように思えるが、そのことは全然顧みられていない。

つまり今の冒険者や登山者の感覚は完全にスポーツ化してしまっているので、肉体的に自力的かどうかという点にしか留意しないのである。GPSによってルートを明示してもらってそれにしたがって移動するというだけでは、その行為は単なる運動行為にすぎないのであるが、それでOKというのが今の冒険者、登山者の感覚だ。

しかし冒険とはスポーツではなく脱システムであり、自力が重要なのは身体能力の高さを示すことが目的なのではなく、混沌とした自然と対峙して一瞬の判断、動作が自分の命をつなぐ、その自由を経験するためである。その意味で冒険とは極めて個人性の強い行為だ。登山でも本来は頂上まで行ければ方法はどうでもいいというわけではないはずである。あくまで混沌とした自然相手になるべく自力で登るところに価値がある。このような本来の理解に立ち返ることができれば、GPSだろうと衛星電話であろうと、その行為の自力性を侵食して管理体系に引きずり込もうとする道具には抵抗を感じるのが普通の感覚である。

極端な話をすれば、自由な要素の少ない行為は、いかに壮大であっても私には全然面白そうに感じられない。宇宙飛行士の活動は私にはあまり魅力的に映らないが、それは宇宙飛行士が宇宙センターの指示にしたがって任務を遂行しており、自由度があまりにも低そうに見えるからだ。

人はなぜ冒険をするのか

冒険者は脱システムすることで、自力で命を管理するという、いわば究極自由とでも呼びうる状態を経験することになる。この自由にはたしかに不快で面倒くさい側面があるが、同時に圧倒的な生の手応えがあるので、一度経験するとそれなしではいられないようなヒリヒリとした魅力というか中毒性もある。

じつはこの自由における矛盾した感覚にこそ、冒険者を何度も冒険の現場に向かわせる真の要因があるのではないかと、私は最近になって考えるようになった。

私はこれまで、人間はなぜ冒険するのかという問いに対して、死という概念をキーワードに説明をあたえようとしていた。

冒険の現場は死の匂いに満ちあふれている。天候の急変、疲労の蓄積、わずかな油断、一瞬の判断ミス、滑落、雪崩等々、冒険の途中ではそうしたものが引き金となって簡単に死が訪れる。死は絶対に避けなければならない事態であるが、同時に死の危険があるからこそ、冒険者は冒険の現場に惹きつけられもする。冒険者は死の危険がないところには魅力を感じない。死の間際に行き、死を見つめて生きて帰ってくる時間の流れの中には、純粋な意味での面白味がある。

冒険者が死に触れたいのは、そうすることで自分の生が活性化される感覚を得ることができるからである。人間の生の感覚は、死を意識することではじめて鮮明になり、生き生きと脈動する。ところが現代の高度消費社会における生活では、このような自分が生きているという感覚、あるいは死を見つめる瞬間というのがほとんど失われた。死は誰にでも不可避的に訪れる命の最終形態であるにもかかわらず、誰もが本能的に避けたい事態でもあるため、生活から巧妙に隠され、見えなくされてしまっている。しかし、死が見えなくなったせいで現代人の生は活性化される機会も失い、だらだらといたずらに時間が流れる寄る辺の無い漂流状態を強いられるようにもなった。いいかえれば、現代人は死がまったく感じられないせいで、逆に生きている実感を持つこともできなくなっているわけだ。冒険は、こうした生と死に対する一種の不感症に陥った現代人の精神に、死の不安という特効薬を注入することで生の実感をあたえてくれる。現場で死の不安にふるえることで、冒険者は死をとり込み、ザラザラとした生に触れることができる。その意味で冒険者が冒険するのは死に近づきたいからではなく、生を充実させたいからである――。

簡単にまとめると、私はこうした死の特効薬理論とでもいうべき考え方をベースに、人はなぜ冒険するのかを語ろうとしてきた。ところが、この考え方ではどうしても乗り越えられない論理の飛躍があることに、自分でも以前から気がついていた。それは死を近くに感じることで、なぜ生は活性化されるのかという、この考え方の最も核となる部分である。死を近くに感じるだけで生が活性化されるなら、たとえば樽に入ってナイアガラの滝から落ちればいいじゃないかという極端な議論も成り立つことになってしまう。しかしどう考えても、樽に入ってナイアガラから落ちたところで、われわれが冒険中に経験する活性化された生を感じられるとは思えない。そう考えると、単純に死を身近に感じる環境にいるだけでは生は活性化されないということになる。

冒険により生が活性化されるのは、冒険行為にもっと積極的な側面があるからである。つまりそれが自由の経験だ。冒険の自由とは自分の命を維持管理し、生きることそのものを自分の行為や判断を通じて組み立てていくことである。そしてその対価である責任は死によって償われる。とすると冒険の自由は常に死と隣り合わせの自由であり、その中には死も内包されていることになる。

実際にこのロジックは、自分の経験と照らし合わせても妥当だと感じられる。極夜の暗闇の氷原を歩いているときに感じる茫漠とした不安。その不安の中には、これ以上先に行けば人間界に戻れなくなるのではないかという死の不安が常につきまとっている。死の不安にとり囲まれた状況の中で、突発的な出来事や不条理な事態を判断して対処し、死なないように命をコントロールして、生きて帰ってくる。最近、私が北極なんかを歩いていて強く感じるのは、北極にいるという状況自体が面白いなぁという感覚だ。それはつまるところ、冒険の魅力はどこかの山を登頂するとか目標地点に到達するとかいった目的の達成にあるのではなく、その過程において経験できる自由な状態にあるからだろう。樽に入ってナイアガラに飛び込む行為が魅力的でないのは、自分で命をコントロールする要素が皆無で、単なる一か八かのロシアンルーレットにすぎないからである。

冒険における自由ほど生きていることそれ自体を直截的、かつ創造的に刺激するものは、ほかに思いあたらない。おのれですべてを判断し、命で対価を支払うことで生存をつくりあげる自由。この純粋な自由状態を求めて人は冒険する。ある一線の自由を越えたら、より強烈な自由をもとめて次の一線を越える。もっとシビアに、一瞬の行動と判断が次の自分の命の維持につながるような状況をもとめて、より困難な対象に場をうつしていく。ぎりぎりのところまで行ってもどってきたいという生死の境界線まで行く魅力は、このように自分の生命を限界まで追いつめ、その先端でのみ触れることのできる極限の自由の快感につながっている。冒険家がどんなに現場でつらく、みじめな思いをしても、また必ず現場にもどってしまうのは、システムの中ではこうした死を射程に入れた生の自由を経験できないからだ。行為のハードルを高くするのも自分の命をコントロールする条件設定を厳しくしたいからである。

冒険者の倫理と世間の倫理の乖離(かいり)

さて、自由や自力についてはひととおり理解できたので、次にその先に進んで、脱システムしてこのような、いってみればヤバい自由を知ってしまった人間がいったいどうなってしまうのか、そのことについて考えてみたい。

冒険によって得られる自由は格別だ。それはほかの世界では決して得ることができないほど鮮烈なものである。ここでポイントなのは、冒険の自由で得られる感覚が決して世間でいうところの楽しいとか、快適だとか、幸せだという感覚と一致しないことである。

さきほども指摘したが、冒険の行動中はむしろ不快で面倒くさく、不条理なことが多くて、早く家に帰りたいとか、もう二度とこんなところに来るかと思うほど憂鬱な時間がつづくことも少なくない。しかし冒険を終えて家にもどると、また次の冒険のことを考えてしまうという、こういう矛盾した魅力に冒険者はとりつかれている。冒険は、いわゆる一般的な意味で楽しいからおこなうのではない。冒険中に一般的な意味での楽しさなんかほとんど感じない。冒険者が冒険するのは、そこに普段の日常では決して経験できないほど濃密な自由があり、命をコントロールしている状態が刺激的だからである。それは世間の感覚でいう面白いとはかけ離れているが、冒険者の感覚からすれば明らかに面白い状況だといえる。いわば倒錯した面白さだ。

世間の〈面白い〉と、冒険者の〈面白い〉の感覚はズレている。このことからも分かるように、脱システムして自由を知ってしまった冒険者の感覚は、世間の人の感覚と次第に乖離していく。

両者の感覚が乖離するのは、あらゆる価値判断の最も根本的な土台にある死に対する距離感がズレているからだろう。

現代人の日常生活の中で流れる時間はおおむね死とは無縁であり、死が感じられないため生を感じることもできなくなっている。もちろんそんな生活にもそれなりに刺激はあって、仕事がうまくいったとか、好きな女とつきあえたとか、友達とバカ騒ぎしたとか、万馬券が当たったとか、昇進したとか、そういうこまごまとした日々の喜びを感じることはある。しかしどんな慶事、世間一般的な意味での幸福が起ころうと、基本的に現代人の日常には生と死という根本的なところでの手触り感がないので、究極的な部分で満たされない。それに比べて冒険の最中に経験できる自由は生きることそれ自体を作りあげていく際の状態なので、はるかに刺激的で、深遠で、奥が深く、興奮に満ちているように感じられる。この冒険の自由を一度あじわってしまうと、その人間にとって冒険で得られる感覚が絶対的なものであり、人生のすべてであるように思われ、日常的な諸々の何もかもが物足りなくなってしまうのだ。

　こうなると世間の普通の人が感じる楽しさや幸福は、冒険者には皮相的なものにしか思われなくなり、とくに魅力を感じなくなる。もちろんいい女とつきあえたり、大金が手に入ったりすると嬉しいが、さらにそれよりも深い喜びを経験してしまっているため、そうした日常的な満足や幸福は二の次になる。ダーク・ダックスの「山男の歌」に〈娘さんよく聞けよ　山男にゃ惚れるなよ〉という歌詞があるが、この言葉は本当だ。真の山男はどれほど絶世の美女とつきあおうとも、土日になるとデートよりも山を優先して、美女とのつきあいは一番大事な土日ではなく、その中間の水曜あたりに夜の居酒屋デートで済ませようとする。つまり女よりも山。もちろん性欲もむきむきなので女の尻も追いかけるが、女は自分の人生の本質的なものにはならないと感じているので、土日という貴重な二日間の休みは山に使いたいのだ。極論をいえば、冒険者は冒険の自由を感じることさえできれば、世間的な幸福を得られようと、そうでなかろうと、はっきりいってどうでもいい。

日常的な幸福が、将来が安定して死のリスクがとりのぞかれることではじめて発生するのに対して、冒険における生の手応えは、死を前提にした自由の中でのみ獲得できる。死の有無という、それぞれの感覚が発生する成立条件がそもそも異なっているので、両者の価値観がズレるのは当たり前だといえる。

世間とズレていくのは感覚だけではない。順守すべき倫理もズレていく。たとえば本書を通じて私はGPSについてのマイナス面を散々書きつらねてきたが、しかしGPSを使えば便利で安全になるのだから、その使用は世間の倫理とは完璧に合致している。この二十一世紀の消費社会に住む人々にとって、最も普遍的な価値として共有されている倫理は便利さと安全性だろう。その意味でGPSは現代的倫理を完璧に体現した機器だとさえいえる。現代人は過剰なまでに便利さと安全性を求めている。先頃のいわゆる共謀罪法案に対する賛否をみても分かるように、安全のためには自由を売り渡すことも平気になっているほど、安心安全というキーワードは重みを増している。便利さも同様だ。よくよく考えれば、便利であることとそれ自体に本質的な意味は無く、ただプロセスが省略されて時間と労力が節約されるというだけの話にすぎない。そして便利さが次の便利さを生み出し、そして螺旋状にどんどん便利になったとき、以前の便利さは無用なものになっている。そう考えると便利さというのはきわめて空虚なものだともいえる。しかし、それでも人々はこぞって便利さを追い求める。便利になり、さらに便利になって、じゃあ余った時間に何をしているのかといえばスマホをいじっているだけなのだが、それでももっと便利になりたいと人々は望む。私の目から見れば、どれだけ便利さを追求しても、その先には虚無しかなく、結局何にも得られないようにしか思えないのだが、しかし世間の目から見れば、おかしいのは私のほうなのだ。

死を避けることが最優先ではない

安全や便利さに対する態度だけではなく、生と死に対する、より具体的な倫理もズレている。おそらく世間一般の倫理では、冒険的なプロジェクトをおこなう際はあらゆる方策を駆使して安全性を追求し、万に一つも漏れがないようにぬかりなく準備すべきだと考えるだろう。それは世間一般の感覚では安全性、すなわち死を絶対に避けること、遭難して世間に迷惑をかけることを避けることこそ最優先すべき事項だという倫理があるからだ。

しかし冒険者の倫理はそれとは異なる。冒険者にとっての最大の倫理は、いかに脱システムして未知なる混沌の世界に行くか、そこでどれだけ自力的に旅をして自由な状態を経験できるかであり、冒険の成否はそれをどれだけ実現できるかにかかっている。したがって、冒険者はこの自由状態をできるかぎり享受するために、あえて安全性を犠牲にしたり、緻密に計画することを放棄することもありうる、と考える。この根本的な教条（きょうじょう）があるので、GPSは冒険にとって罪悪であるので使わないという選択肢もありうるし、サバイバル登山のようにテクノロジーオフの状態で山に登るという思想も生まれる。

そして、それが私のひとりよがりな倫理でないことは、たとえば単独行などという行動形態が登山や冒険の世界で広く受け入れられていることを見ても分かる。単独行者の中にはパートナーが見つからないからという消極的な理由で選択する人も多いだろうが、そうではなくて、自然の深淵により深く入り込むために、あえて一人を選ぶ積極的単独行者もいる。安全を最優先する世間の倫理から見れば、この積極的単独行はいたずらに身を危険にさらすことになるので非倫理的であるはずだが、自力的に自由を追求する冒険者の感覚からすると倫理にかなった行動形態だといえる。パーティーを組むよりも単独行のほうが行為としての自力度がはるかに高まるし、何よりも孤絶しているという状況が、おそるべき自然と一対一で向き合っている対峙感を生み出し、自然の本質を見据える透徹した視点を獲得することになるからだ。単独行者には単独行でしか見えない世界があり、彼らはそれを重視している（ちなみに欧米人は単独行を避ける傾向があるが、日本人はかなり積極的に単独行する。日本の著名な冒険家はほぼ全員単独行者であり、単独行じゃなければ冒険じゃないという思考回路さえあるように思える。これは、欧米人が目標を達成すること、目的地に到達すること、すなわちプロジェクトを遂行することを最優先する一方、日本人は自然の本源に深く入り込むこと、生の自然に触れて畏れおののくこと、つまり結果以上に過程の充実を重視していることのあらわれだと思う。ここから双方の文化や精神風土のちがいを考察することも可能だろう）。

もちろん冒険者の倫理でも死は避けるべきことではあるが、それよりも死を身近に感じ、死にとりかこまれた状況の中で生をコントロールし、そのことにより生をより充足的に感じることのほうが重視される。死は避けつつも、行為における不可欠な要素であり、死の淵にできるかぎり近づく（冒険における困難の追求は死に近づくことに等しい）という観点が重視されるため、その死に対する距離感が、死は可能なかぎり忌避すべきものとする世間の倫理との乖離を生み出すのである。

那智の滝事件が意味するもの

近年の冒険界の動向で、この両者の倫理の乖離を最も鮮やかに示したのが、那智(なち)の滝登攀事件だった。紀伊半島にある那智の滝を登攀した三人のクライマーが軽犯罪法違反容疑で警察に逮捕され、そのことに対して非常に大きなバッシングが世間から浴びせられた(宮城公博(みやぎきみひろ)『外道クライマー』参照)。那智の滝は古くから自然信仰の対象で滝そのものが熊野那智大社の御神体である以上、彼らの行為が世間の倫理から見て非難されるのは、当然のことといえた。彼らが登攀に踏み切った理由は、那智の滝という日本一の滝(この滝は一段の滝としては日本で最も落差が大きく、かつきわめて美しい)が未登攀なので登りたかったというもので、世間の良識から見ると、この動機がひどくふざけたものに思えたのである。

だが、世間的に見てバカバカしいこの動機は、じつは登攀者の倫理としては一分の隙もないほど完璧だった。登攀者の倫理からすれば、誰も手をつけていない最も大きくて美しい滝を登るという行為の中にこそ、誰もが経験していない人類未踏の危険と創造性がひそんでいるわけで、その危険と創造性の中でこそ究極の自由は経験できる。この登攀者の倫理を突きつめると、逆に那智の滝を登らないクライマーのほうがクライマーとしておかしいということになる。事実、事件の直後、登山界では彼らの登攀を肯定し、擁護する意見もけっこう目立ったのだが、そうした意見は世間からの批判、ブログ炎上等のしっぺ返しを食らってあえなく鎮静化し、登山界全体の趨勢(すうせい)としては世間と足並みをそろえて彼らを非難する方向に向かった。

このとき登山界、冒険界は絶好の機会を逃したのではないかと私は今でも考えている。各山岳雑誌は世間の空気を読み、波風たたないようにこの事件をあえて無視して論評しなかったが、本来ならこの出来事は登山とは何か、冒険とは何か、そのことについての本質的な議論を展開するチャンスだったのだ。

これまで見てきたように、個人の生、個人の自由を究極的なかたちで経験したいという冒険者の倫理は、究極まで突き詰めると世間の倫理と齟齬(そご)をきたす。そもそも脱システムを希求し現システムの外側に出ることをめざしている以上、冒険者はその根本的な態度の次元でシステムすなわち世間の倫理に背を向けている。それは良いとか悪いとかの問題ではなく、登山者、冒険者とはそういう反社会的原罪をかかえた罪深き存在なのである。どんなに〈努力すれば夢はかなう〉とか、〈一歩前へ出る勇気〉みたいな世間的に耳触りのいいうたい文句で素性をとりつくろったところで、好き好んで死に接近している以上、冒険など所詮は世間的に賞賛されるような行為ではない。本質を突きつめれば必ず世間とぶつかり、真面目にやればやるほど世間からズレていくのであり、それが冒険とか登山とか呼ばれるものの本性である。

那智の滝事件は登山界の一部の跳ねっ返りが起こした事件ではなく、むしろこうした登攀者の倫理を最も高い次元で所有したクライマーが、最も純度高く希求した結果起こした出来事だったわけだから、登山界はそれを他人事にせず自分たちの問題としてもっと真面目にとらえるべきだった。こうした本質論を戦わせて、いったい登山とは何なのか、冒険とは何なのか、こういう登攀を希求するわれわれとはいったい何者なのかを考えるべきだったのに、世間からのバッシングをいたずらに恐れ、思考を停止してその機会をみすみす逃した。このときほど私は日本に山岳ジャーナリズムというものが存在しないことを痛切に感じたことはない。那智の滝事件は結局、この国の登山マスコミはジャーナリズムではなく、単なる商業広告媒体にすぎないことを露呈させて終わってしまった。残念なことである。

いずれにしても冒険者の倫理と世間の倫理は根本的なところで嚙み合わないものをかかえている。ただ、ここで押さえておきたいのは、どっちが正しいとかまちがっているとか、そういう議論ではなく、冒険者が脱システムを希求する以上、世間とは異なる倫理で生きていかざるをえないということ、相いれない価値観をかかえていることを認識すべきだということだ。

そしてそのことは、私は決して否定すべき事柄ではないと考えている。というか、むしろこれは肯定すべきことであり、もし冒険に社会的意義があるとすれば、そこにしかないとさえ思っている。

自立した社会的異分子

冒険者は世間と乖離した倫理をかかえて生きており、そのはざまにこそ冒険の社会的意義は隠されている。私は本書の最後にそのことを、大江健三郎が若い頃に書いた『日常生活の冒険』という小説を題材に考えてみたいと思う。

この物語の語り部は青年小説家である〈ぼく〉だ。〈ぼく〉が斎木犀吉という友人の冒険的な生き様を語ることで小説は進んでいく。

斎木犀吉は高校生のときに〈ぼく〉と出会ったときから強烈な印象を残す人物だった。以前は映画会社のニューフェースとして俳優をしていたが、演技の習得のためボクシングをおぼえてプロのリングにあがり、映画の監督を殴り倒して引退した。〈ぼく〉と出会ったとき、斎木は親戚の娘と一日中セックスしていた。そして〈ぼく〉の祖父をたらし込んで資金を援助させ、スエズ戦争の義勇軍に参加するため、あてもなく貨物船にもぐり込んでしまう。その後、海賊の宝探しの船に乗ったものの、船が沈没して漂流の憂き目に遭い、しかしそこを英国の巡視船に助けられて香港に行き、裕福なドイツ人の援助を得てホテル暮らしをし、流転の果てに日本に戻ってきて、〈ぼく〉の前にふたたび姿を現す。その後、斎木はセックスの行者のような暮らしの果てに〈ぼく〉の前からまた姿を消して、最後は北アフリカの地方都市で自死する——。

斎木犀吉の生き方は破天荒の一言に尽きる。だが、本書としては、この小説を題材にすることで、斎木の生き方が冒険的だとか、宝探しの船に乗り込むことが脱システム的だということを示したいわけではない。斎木の行動は妙にセックスに固執しており、その点でいえば本書で提示してきた脱システムという冒険のあり方と少しズレているともいえる。

それでも私がこの小説を題材に用いたのは、大江健三郎が示した斎木という人間と社会とのある種の緊張関係の中に、冒険者が冒険することで最終的に到達することになる個人としての自立が描かれているように思えるからである。

どういうことか。私が注目したいのはモラリストという言葉だ。この小説で斎木犀吉はモラリストとして規定されている。規範や常識をあざ笑うかのような破天荒な行動をとり、親戚の娘をたぶらかしてセックスばかりしているような男をモラリストとするのはおかしなことのように思えるが、じつはこの小説でのモラリストという言葉は、〈道徳的な人〉という一般的な意味でのモラリストとは異なった意味で使われている。渡辺広士の解説によると、〈フランス語におけるモラリストとは、モンテーニュ、パスカル、ラ・ロシュフーコー、ラ・ブリュイエールなどの系譜を言うのであり、人間について根本的に思索する者のこと〉であり、斎木犀吉はこのような意味でのモラリストとして描かれている。

モラリストである斎木犀吉は、一つ一つの言葉について、辞書的な語義を鵜呑みにせず、自分自身でその意味を見つけ出すことを生き方の流儀にしている。たとえば小説の序盤で斎木は〈ぼく〉にこのように語っている。

おれはひとつのテーマについて永いあいだ瞑想するのがすきなんだ。(中略)考えてみろよ、昔はモラリストとかフィロソファーとかがいて、基本的な命題をじっと徹底的に、自分の頭で追求したんだ、そして自分の声で表現したんだね。(中略)しかし今日ではそういうことはない。もう現代の人間どもは、いろんな基本的な命題については二十世紀の歴史のあいだにすべて考えつくされたと思っていて、自分で考えてみようとはしないんだ。そのかわりに百科事典をひとそろい書斎にかざっておいて安心している。おれはそれが厭なんだ、本質的なことはみな、いちどおれの頭で考えて、おれ専属の答を用意しておこうと思うんだ。(『日常生活の冒険』)

言葉というのは世界を成立させている基本的な単位である。人間は言葉を用いて事物を指し示し、思想を語り、論理を展開し、構造を説明し、物語をうたいあげる。人間の周囲をとり巻き、人間を関係づけ、相互作用をつうじて人間の生き方そのものを決定する世界というものは、その人間が使う言葉によってはじめて表現され、浮き彫りにされ、ありようが明らかとなる。その意味で言葉こそ世界を構成するものである。したがって、そのような言葉の意味を、世間で通用している意味とは別個に独自で見つけ出すということは、世間の常識から独立した、おのれ専用の世界をつくりあげるという意思を示すことである。つまり、独自の言葉を見つけ、自分だけのオリジナルな道を確立し、真に自立した生き方を模索すること。それが大江健三郎が示したモラリストの姿である。

斎木のようにモラリストとして独自の生き方を探求する者は、世間の常識と乖離することも辞さないので、必然的に脱システムして冒険者的な生き方を歩むことになる。つまり大江は自己を確立し、自立した人間になるための作法としての冒険を描いているといえる。

この大江の提示したモラリストとしての冒険者像は、私が先ほど提示した世間の倫理と冒険者の倫理は乖離するという指摘と、ほぼ重なる。

冒険者は脱システムして、システムの管理から解き放たれる。管理されていない脱システム的世界は混沌に満ちあふれており、先が見えない闇の世界だ。そこでは規則や前例やマニュアルがないので、すべての出来事に対して自分で判断し、処理しなければならない。判断ミスをしたら命を失いかねない究極的な自由状態の中で、命をつむぎ、自分独自の生きる経験を作りあげていくという、そういう時間がつづく。この混沌とした領域に何度も飛び出し、命のかかった自由状態に慣れてくると、冒険者はいつの間にか世間＝システム内部の集団空間の倫理にとらわれなくなり、生や死について独立した考え方を持ち、独特な倫理にしたがって行動するようになる。つまり、冒険をつづけることで冒険者は、斎木犀吉のように自分の生き方を構成する鍵となる言葉について思索し、独自の意味を発見することになるのである。

冒険の社会的価値

ここにいたって、冒険者の社会性は明らかになってくる。それはシステムの外側に飛び出し、独自の倫理を手に入れ、独自の言葉を語ることにより、システムの内側で自明のものとして通用している倫理をゆさぶる存在としての社会性である。ふたたび『日常生活の冒険』にもどると、解説で渡辺広士は斎木犀吉の社会性について次のように書いている。

> 百科辞典の知恵を借りずに、自己欺瞞（ぎまん）なしに、自分の頭で。このようにして生れるモラルは、いくつかのはっきりした性格を持つ。その一つ、反社会的。なぜか？ なぜなら現代という時代は、ほとんどの人間が自分の頭で考えない時代であり、非個人的な組織の原理が人間を組織している。だから自分の頭で考えることは必ず反社会的になる。
>
> （前掲書）

ここでは反社会的という否定的な語感を持つ言葉で説明されているが、私は社会の異分子になるという程度の意味でとらえたほうが実情にあっていると思う。冒険で脱システムして独自の論理を語るものは、世間と乖離するのでまぎれもなき社会の異分子なのだが、その異分子性には否定的な側面しかないかというと必ずしもそうではなく、システムの外から異なる価値観をなげかけ、システムの内側で通用している価値観の正当性に疑問を呈するという役割もある。システムの内部の価値観は絶対的に正しいわけではない。それは時代とともに変遷し、昔、正しかった価値観が五十年後に忘れ去られているということも、わりと普通に起きる。外側からの異議申し立てがなければ、システム内部の論理は絶対的なものとなり、そして独善に陥り、欺瞞に満ちあふれたものになるだろう。そうした危うい世間の倫理に、社会的異分子は外側から異なる視点を注ぎ込む役割がある。

なぜ冒険を書きのこすのか

ここまで私は長々と冒険という行動様式の構造について語ってきたが、じつは個人的には冒険すること自体に、とくに大きな社会的意義や価値を認めているわけではない。もちろん私個人は好きでやっていることだし、冒険して脱システムすることで地球の知られざる姿や自然の本源を目の当たりにできたり、そこから生きることの手応えをつかめたり、生きることとは何なのか、人間とはどのような存在なのかという洞察に結びつくこともあって、そうした行動と思索と表現の連続運動に魅力と面白味があるから今もつづけている。

しかし、自分と同じような行動をほかの人たちにもやってもらいたいとは、別に思っていない。むしろ、こんなろくでもないことはやらないほうがいいとさえ思っている。何度もいうが、冒険することそれ自体は完全に個人的な営為なので、それが何らかの表現となって公共の場に提示されないかぎり、自分自身の内面的な充足や発見の中にしか意味はない。大航海時代のように新しい土地を発見して植民地を獲得していたような時代ならいざ知らず、現代において冒険することそれ自体は、社会的な生産性という観点から見たら、ほぼ無価値だ。はっきりいって、多くの人にとって冒険などどうでもいいことである。

ただ、もし冒険が社会的に、つまり自分以外の他者にとっても価値があるとすれば、それは最後に述べたような部分だけだと思う。つまり世間と乖離して自分の倫理を獲得し、独自の言葉の意味を見つけて自立すること。そして自立した社会的異分子として外側から別の視点を提供するという役割である。私自身、自分の冒険行、探検行を文章にまとめて物語にして発表しているのは、自分自身の行動を誇示し、それこそ昔の神話の英雄のような特別な体験をした人間として見せつけたいからではなく、世の中には非日常の領域があり、そこには別のものの見方が存在することを示したいからである。そしてこの別のものの見方から、今、われわれが当たり前のものとして何の疑問も無く受けいれているものの見方を眺めてみると、それが決して当たり前のものには思えなくなるということを知ってもらいたいからである。

システムの外に飛び出して外側からの異なる視点を獲得することで、常識を見直し、自明とされてきた既成概念や価値を見直すきっかけが得られる。それがシステム内部にいたら決して見えてこない社会の矛盾や偽善をあぶり出すことになるかもしれない。冒険すること、脱システムすることの社会的役割はそうした行動としての批評性にしかない。

終わりに——放棄される自由を前に

書き終わってみて気づいたが、本書で提示した私の考察はやや古臭くて、あまり新味のないものである。そもそも本多勝一に始まり、大江健三郎で終えるという構成自体、議論の内容が六〇年代、七〇年代の精神にもとづいていることの何よりの証だ。結論の部分を書いているときはわれながら恥ずかしくなってきた。とりわけ自立とか社会的異分子云々の政治性の考察は、まったくありきたりで、陳腐としかいいようがなく、このようなどこかで聞いたことのあるような古くて恥ずかしい結論は省いて、脱システムという冒険の構造を提示することだけに絞ったほうがいいんじゃないかと悩んだぐらいだ。それでもこのようなことを最後に書いたのは、社会に対して異論を述べることへの価値、変なことをしているヤツへの寛容的な空気、何より個人の自由を守ることや、同調圧力や権力に対して抗することの意義が近年、あまりにも疎んじられているように思われてならなかったからだ。だから世間との乖離や社会的異分子の部分はやや強調して書いた。

この本は冒険論である。冒険という古来の人間の行動様式の構造を解き明かし、近年混乱が見られる冒険という行動の定義を改めてやってみようという意図で書き始めた。もちろん最初から脱システムをキータームにしようという構想は持っていた。近年の冒険の性格はあまりにスポーツ的な方向に偏重し、未知なる世界をめざす、誰もやったことのない行為に乗り出そうという革新性が薄れており、登山界、冒険界でさえそれは忘れ去られようとしている。改めて未知なる世界をめざすことの価値を主張するには、ずいぶん昔に本多勝一がパイオニアワークという曖昧な言葉で表現していた冒険の核となる概念に新しい言葉をあたえて、説得力ある論理でそれを語り、再度、命を吹き込む必要があると考えたからだ。それが脱システムという言葉だった。

だが、一方で脱システムというのは社会的に異分子になることなので、そこには必然的に対他者的視点が立ち現れてくる。それに脱システムというのは冒険の世界にかぎったことではない。冒険とはあくまで身体的に脱システムすることに限定した言葉であり、身体的という条件をとり払えば、脱システム的価値観は冒険の境界を飛び越えてどこまでも広がる。文学でも芸術でも建築でも、何かを表現しようという世界では常に、予定調和的な決まりきった領域から飛び出して前人未到の領域をめざそうという営為がつづけられている。私は冒険の脱システム性をことさら強調することで、本書の議論に、冒険という狭い枠にとどまらない、人間の行動とか表現にかかわるより普遍的な強度をあたえられるのではないかと期待した。つまり冒険界以外の人が読んでも、何かの参考になる議論にしたかった。そのためにも、脱システムの社会的側面についても触れなければならないと考えたわけである（人によっては、脱システムには違法行為も含まれるのではないかと考えるかもしれないが、私が強調してきたのは冒険とはあくまで脱システム的な身体表現だということであって、違法行為を含めたあらゆる脱システムが冒険であり、価値あることだ、といっているわけではない。いわずもがなのことではあるが）。

内向き、不寛容、閉塞。さまざまな語句で形容される今の社会であるが、その病理の根底には、管理されることに慣れきってしまった精神があるのではないかと、私は考えている。これは根拠のあることではなく、ただの直観だ。ただ、日本における登山の現場からも、それはひしひしと感じる。

今日の登山者の多くは、誰もが行くルートにしか行きたがらない傾向がある。夏山一般登山なら百名山ブームが起きた頃からそうだったかもしれないが、そうではない、たとえば冬山の氷壁や岩壁を登るアルパインクライミングの世界でもそうした傾向が顕著になりつつあるように見える。アルパインクライミングというのは登山の中の登山、いわばキングオブ登山といえ、未知で困難なルートを攀じることを精神の中心軸としてつづけられてきた分野だ。このキングオブ登山たるアルパインクライミングを嗜む人たちの間でも、たとえば八ヶ岳や南アルプスの有名氷瀑ルートに人間が群がるという現象が起きている。もう少し足を延ばせば、もっと面白くて未知性の強いルートはたくさんあるが、そうしたルートは情報が少なく外れの可能性も高いので足を延ばさないのである。

このような現象が蔓延する背景にあるのが、管理される状態への慣れだと私は考えている。管理といっても、別に公安警察に尾行されているわけでもないし、目に見える権力機構にマークされているわけでもない。現代社会の管理は政治権力や行政当局ではなく、もっと目に見えない何かに管理されており、その代表的なものがＧＰＳで道を教えてもらえたり、スマホで常時ネットに接続できて情報検索してすぐに答えが出せる環境だったりする。われわれの間では、たとえば本を買うときもアマゾンのレビュー等を参考にして面白そうな内容のものを選ぶという行動が常態化しているが、これは不要なリスクを避けるという発想にもとづいた行動だ。このような答えを予期できる環境にいれば、危ういものに手を出すリスクは減り、すべてをあらかじめ予想できたとおりに、予定調和に終えることを期待できる（ただしあくまで期待できるだけ。他人の意見は外れも多い。それでもわれわれはそれにすがる）。その結果、発想の時点で、わざわざ情報の少ない混沌とした領域に飛び出して、外れの危険のあるような行動をすることを極端に恐れるようになっている。それが高度情報化社会という現代システムにおける、われわれの管理のされ方である。

そして困ったことに管理されるのは、じつは楽なことでもある。本書の中でも示したが、管理された領域から外に飛び出せば混沌とした世界が広がっており、自由を得られるが、しかし本当の自由というのはすべてを自力で判断、処理しなければならないので、じつはかなり苦しくて、しんどい状態だともいえる。少なくとも楽なことではないし、快適な状態とはいいがたい。失敗も多い。たぶん現代人はこのしんどい自由を放棄したがっている。自由を失って管理されるといっても、戦前のように軍部や特高警察に力ずくで管理されるわけではなく、グーグル、スマホ、GPSというものいわぬ情報通信インフラが柔らかくわれわれの周辺環境を包み込むだけである。管理されるわれわれのほうとしても、ピコピコと検索ワードを打ち込み、あたかも主体的な行動を起こしているように動作しつつ管理されているから、管理されているという実感がほとんどない。現代における管理は、日常をとりまく周辺環境が見えない深部でわれわれを管理するといったものになっており、かなり心地よい管理環境が整っているといえる。だから登山の世界でもネットで検索して記録が出てくるルートにばかり人が集まり、外れる可能性があるルートにはほとんど誰も行かなくなった。本来なら社会的異分子の集まりである登山界の、しかもキングオブ登山であるアルパインクライミングの世界でさえそうなのだから、こうした現象は日本全国津々浦々、端の端まで蔓延しているにちがいない。少し登山をしただけでそういうことが見えてくるぐらい、この社会はどっぷりと管理に浸かっている。

自由は面倒くさい。自由みたいに自分で判断しなければならない苦しい状況に比べると、管理世界にいるほうがはるかに楽である。現代人にとって自由は不要となってしまったように、私には見える。

だが、私はそうした管理される状態を望む時代の傾向に抗いたいと思っている。自由には今でも人間が闘って獲得するだけの価値があると思うし、実際、私が冒険的行動をやめられないのも、自然の中で感じられる自由に、生きていることそのものの秘密があるように思えるからだ。冒険が脱システムだということをここまで強調してきたのは、そのことがいいたいからだった。その意味で本書はこの窮屈な時代を、管理されることが当たり前になりつつある時代を脱システムするために書いた本だともいえる。
本書を書くにあたっては、集英社インターナショナルの田中伊織さんと薬師寺達郎さんにお世話になりました。お礼申し上げます。

二〇一八年三月四日、シオラパルクにて

本書に登場した主要引用・参考文献（章別、著者名五十音順）

第一章

・フリッチョフ・ナンセン、太田昌秀訳『フラム号北極海横断記―北の果て―』ニュートンプレス、一九九八年
・本多勝一『ニューギニア高地人』朝日文庫、一九八一年
・本多勝一『カナダ＝エスキモー』朝日文庫、一九八一年
・本多勝一『殺される側の論理』朝日文庫、一九八二年
・本多勝一、藤木高嶺写真『アラビア遊牧民』朝日文庫、一九八四年
・本多勝一『冒険と日本人』朝日文庫、一九八六年
・本多勝一、武田文男『植村直己の冒険』朝日文庫、一九九一年
・本多勝一『日本人の冒険と「創造的な登山」』ヤマケイ文庫、二〇一二年

第二章

・角幡唯介『空白の五マイル　チベット、世界最大のツアンポー峡谷に挑む』集英社文庫、二〇

一二年
・金子民雄『東ヒマラヤ探検史　ナムチャバルワの麓「幻の滝」をめざして』連合出版、二〇一三年
・ジョーゼフ・キャンベル、倉田真木&斎藤静代&関根光宏訳『千の顔をもつ英雄』〔新訳版〕（上・下）ハヤカワ・ノンフィクション文庫、二〇一五年

第三章

・ミルチャ・エリアーデ、風間敏夫訳『聖と俗　宗教的なるものの本質について』〔新装版〕法政大学出版局、二〇一四年
・ニコラス・G・カー、篠儀直子訳『ネット・バカ　インターネットがわたしたちの脳にしていること』青土社、二〇一〇年

第四章

・角幡唯介『探検家の日々本本』幻冬舎文庫、二〇一七年
・角幡唯介『極夜行』文藝春秋、二〇一八年

・ショーン・エリス、ペニー・ジューノ、小牟田康彦訳『狼の群れと暮らした男』築地書館、二〇一二年
・服部文祥『サバイバル登山家』みすず書房、二〇〇六年
・服部文祥『狩猟サバイバル』みすず書房、二〇〇九年
・服部文祥『サバイバル登山入門』デコ、二〇一四年
・ロバート・E・ピアリー、中田修訳『北極点』ドルフィンプレス、一九九三年

第五章

・大江健三郎『日常生活の冒険』新潮文庫、一九七一年
・宮城公博『外道クライマー』集英社インターナショナル、二〇一六年

本書は、集英社クオータリー『ｋｏｔｏｂａ』の連載
「冒険論」(二〇一七年冬号、二〇一七年夏号〜二〇一八年冬号)に
掲載した原稿を大幅に加筆・修正したものです。

本文写真　アマナイメージズ
　　　　　杉村航、著者
図版制作　タナカデザイン

角幡唯介（かくはた ゆうすけ）

作家、探検家。一九七六年、北海道生まれ。『空白の五マイル』で開高健ノンフィクション賞、大宅壮一ノンフィクション賞、『雪男は向こうからやって来た』で新田次郎文学賞、『アグルーカの行方』（以上集英社文庫）で講談社ノンフィクション賞を受賞。著書は他に『漂流』（新潮社）、『極夜行』（文藝春秋）などがある。

インターナショナル新書〇二三

新・冒険論（しん・ぼうけんろん）

二〇一八年四月一一日 第一刷発行

著者 角幡唯介（かくはたゆうすけ）
発行者 椛島良介
発行所 株式会社 集英社インターナショナル
〒一〇一-〇〇六四 東京都千代田区神田猿楽町一-五-一八
電話 〇三-五二一一-二六三〇
発売所 株式会社 集英社
〒一〇一-八〇五〇 東京都千代田区一ツ橋二-五-一〇
電話 〇三-三二三〇-六〇八〇（読者係）
〇三-三二三〇-六三九三（販売部）書店専用
装幀 アルビレオ
印刷所 大日本印刷株式会社
製本所 大日本印刷株式会社

 ISBN978-4-7976-8023-2 C0295

インターナショナル新書

019
ファシズムの正体
佐藤 優

世界各国で響き始めたファシズムの足音。その流れに抗するためには「ファシズムの論理」を正確に理解する必要がある。ムッソリーニのファシズムとヒトラーのナチズム、そして戦前日本の軍国主義の違いとは何か？　ファシズムの本質に迫る。

020
カストロとゲバラ
広瀬 隆

青年弁護士だったカストロが、盟友の医師チェ・ゲバラらと成就させたキューバ革命から六〇年。なぜ彼らは、アメリカからの度重なる圧力に屈することなく、教育・医療費が無料の国家をつくり上げることができたのか？　知られざるキューバ史の真実。

021
「最前線の映画」を読む
町山智浩

『ラ・ラ・ランド』はラブ・ロマンスにあらず。『ブレードランナー　２０４９』と『ロリータ』には意外な接点がある!?　スコセッシ監督が遠藤周作の『沈黙』の映画化にこだわった理由とは？　あの話題作・ヒット作に隠された「秘密」を解き明かす！

024
英語のこころ
マーク・ピーターセン

なぜ漱石の『こころ』はheartと訳せないのか？　多様性を表すdiversityとvarietyの微妙な違いとは？　擬態語・擬音語は英語で表せるのか？　小説の一節、映画のセリフ、ニュース記事を題材に、英語表現に秘められた繊細さと美しさを楽しく読み解く。